「隣の国はパートナー」になれるか

―日本人経営者19年間の駐韓回顧録―

高杉暢也 著

韓国富士ゼロックス（株）元会長・CEO
（財）アジア・ユーラシア総合研究所評議員

一般財団法人 アジア・ユーラシア総合研究所

＜推薦文＞

　韓国に駐在する日本人ビジネスマンの代表的、象徴的存在として活躍された高杉暢也氏が帰国され、この度19年間の長きに亘る韓国駐在生活を回顧した『「隣の国はパートナー」になれるか』を出版されることになった。

　高杉さんは1998年に「全くの門外漢」だった韓国に赴任し、アジア経済危機の影響で経営が行き詰まっていた韓国富士ゼロックスを労使間の信頼関係を崩すことなく見事に再建された。高杉さんの誠心誠意の尽力により会社は一年後に黒字化も達成、やがて韓国に於ける最も優秀な外資系企業として金大中大統領より表彰されることになる。

　そして、高杉さんは韓国富士ゼロックス再建の実績のみならず、韓国に於ける日本商工会議所と日本人会の機能を持つ、ソウルジャパンクラブの理事長を３期連続３年間務めた。その間、「日韓FTA」の提言やソウルジャパンクラブを米国商工会議所並びに欧州商工会議所と同等のレベルまでに引き上げる努力をするなど幅広く両国の経済発展に貢献された。これらのことが高く評価され2006年に韓国政府より「大統領産業褒章」の栄誉に輝かれている。

　更には盧武鉉大統領の国民経済諮問委員会委員、韓国国民銀行社外理事、中央大学校客員教授、ソウル市長の諮問機関としての外国人投資諮問員会委員等益々活躍の場を広げ、2009年にはソウル名誉市民称号を授与されている。

　66歳で韓国富士ゼロックス会長を退任後、韓国最大の金＆張　法律事務所の常任顧問として招聘され、75歳の現在まで、両国の友好

親善交流拡大に心血を注いでこられた。特に、2005年の日韓友情年以来、今日まで文化交流事業の旗振り役を務め「日韓交流おまつり」を今日に於ける両国文化交流の代表的存在にまで成長させた。この貢献により2015年には岸田外務大臣表彰も受賞されている。

　高杉さんは、かねてより「日韓両国がFTAを早急に締結して、一つの経済圏を作るべし」と強く主張されてこられた。しかしながら今日、英国のEU離脱表明、米国新政権の誕生に伴うTPP離脱表明等、保護主義的動きが台頭し、世界経済が益々激動の度合いを深めている状況下、残念ながら日韓FTA/EPAも未だに実現していない。私達、日韓の経済人が今一度原点に立ち戻り、アジアにおける「一つの経済圏」の形成を実現することが、高杉さんの19年間のご苦労に報いる事になると思う。

　高杉さんの「魂の記録」を一人でも多くの方々にお読み戴きたい。

　　　　　　　　　　　　　　　一般社団法人日韓経済協会会長
　　　　　　　　　　　　　　　三菱商事株式会社特別顧問
　　　　　　　　　　　　　　　佐々木　幹夫

＜はじめに＞

　1997年７月、タイ・マレーシア・韓国・インドネシアなどで一斉に通貨が暴落した。アジア全体が不況に陥り、さらにロシアにまで飛び火し、各国が経済危機に陥った。日本では山一證券や北海道拓殖銀行などの倒産が相次ぎ、「悪いのは私です、社員ではありません。」と泣きながら訴えた某証券会社の社長の映像がテレビで全国に流れた。まさに日本経済は混沌としていた時代であった。

　韓国富士ゼロックス（当時はコリアゼロックス）は韓国のパートナーと日本の富士ゼロックスによる50・50のジョイントベンチャーであったが、通貨危機の影響でパートナーが経営に行き詰まり会社が倒産寸前となった。

　翌98年は正月から何度か大雪に見舞われ、暗い年明けとなった。松が明けたある大雪が降る日、突然、社長から呼び出しを受けた。「悪いけどコリアゼロックスの建て直しを引き受けてくれないか」。頭を殴られたような衝撃の一声だった。経理部、営業企画部、営業事業部などの中枢部の経験、加えて米国駐在経験の国際性などの観点から適任と評価されたのだろう。

　当時、聖水（ソンス）大橋や三豊（サムプン）百貨店の崩落事故が日本のニュースで取り上げられていたこともあり、脳裏には暗いイメージがはびこっていた。「なんでそんな所に俺が行かなくてはいけないのだ」と庭の雪かきをしながら妻と一緒に悩んだ。悩みに悩んだあげく妻に諭され、韓国行きを承諾した。

　実際に金浦空港に降り立つとプーンとキムチの匂いが鼻を突いた。ソウルへ向かう途中の景色は寒々しく、４月とはいえ街路樹もまだ芽吹いておらず、ソウル市街の公園には通貨危機によるIMFショックで失業者が溢れ、まさに三等国のイメージが漂っていた。"と

んでもないところに来てしまったなぁ”というのが正直な感想であった。会社再建が終わったら2,3年で帰ることを本気で考えていた。

しかし、1200人の韓国人従業員の打ちひしがれた姿に「同じゼロックスの仕事をしている仲間」を何とかしなくてはという武士道にも似た気持ちが湧き上がり、会社再建に取り組む勇気がわいてきた。

1年後に赤字を黒字化し、労使紛争をも解決し、増収増益を続け3年後に金大中大統領賞を受賞、やがて韓国におけるもっとも優秀な外資系企業と国から大統領産業褒賞を授与されるに至った。

そのことがいつしか韓国経済界に広がり、ソウル・ジャパン・クラブ（SJC：日本商工会議所＆日本人会）の理事長に三期連続で選出され、大統領の経済諮問委員をも仰せつかるようになった。

バブル崩壊で落ち目の日本、台頭する中国。それまで失礼ながら三等国と見下していた韓国が徐々に国力を培い、「韓国は日本にとって重要なパートナーである」ことを悟り、自分の浅学短才を恥じることになるのである。やがて、企業という枠組みのプールでなく、玄界灘をのり越えた大海で泳ぎたいという気持ちが次第に強くなり、本社からの「帰ってこい」という社命を断り「韓国を日本の重要なパートナー」にしようという気持ちが強まった。以来、大統領や韓国政府に厚顔無恥にもいろいろな意見やコメントを具申し続けるようになった。

66歳で韓国富士ゼロックスを退任した。それまでの韓国での実績を評価され、韓国最大級の金＆張法律事務所の常任顧問として招聘され、75歳になる今日まで経済、文化など日韓の友好親善促進活動に身を注いできた。

特に、2005年の日韓国交回復記念40周年に開催された「日韓交流おまつり」は「日韓友情年」の公式行事としての日韓両政府の肝い

＜はじめに＞

りのイベントだった。このおまつりをたった1回で終わらせるのは
もったいないと、2006年度からは民間のボランティア草の根活動と
して始動。今や日韓文化交流の最大イベントとなっている。これま
で12年間、発起人として旗を振って推進し続け、今年13回目を迎え
る。

　貿易や投資などの経済活動や「おまつり」に代表される文化活動
を続けるうちに、経済、文化、地方自治体、青少年、観光、スポー
ツなどにおける民間草の根交流分野では「韓国はパートナー」であ
ると確信を持てるようになった。
　一方、政治・外交面においては、残念ながら簡単には「パートナ
ー」にはなれないだろうという確信にも似た気持ちが強くなってい
る。その根拠はいろいろあるが、政治・外交面で「パートナー」に
なるためには、韓国人の国民性を考え合わせなければならない。詰
まるところ、韓国の民間活力（具体的には国民一人当たり所得）が
日本と同等になるか、それ以上になって、経済的に「日本を越えた」
という意識を持つことにならない限り、「パートナー」になること
は難しいという結論に至った。
　このことを理解するためには、半島という地政学上の立ち位置と
時間軸の中で培われた韓国人の国民性を知る必要がある。

　韓国人は、かって渡来人として“日本の大和王朝作りに貢献した”
とか、“礼儀作法を教授した”とか、“江戸時代の朝鮮通信使が日本
を啓蒙した”とかの先進国家意識が非常に強い。
　その先進国・韓国がやがて後進国・日本によって36年間の植民地
支配を受けることになった。また、遠くは豊臣秀吉の朝鮮征伐（文
禄・慶長の役）、明治の閔妃暗殺事件や昭和の慰安婦に代表される
問題などに数々の屈辱を受けたと感じている。この被害者意識は朴
槿恵大統領をして「加害者と被害者の立場は1000年経っても変わら

ない」と言わしめた。このトラウマ的感覚が韓国人の日本に対する意識なのだろう。このトラウマ感覚から解放され、未来志向にならない限り、「領土」や「慰安婦」などの政治・外交問題は彼等にとっては絶対に容認できないと思う。

　更に、韓国人の持つ特性を分析してみると次のようなことが言えるのではないだろうか。

　①中国に長年支配されてきたことの影響で、力の強い大国にうまく取り入り自己保身を図る「事大主義」。②李王朝時代「崇儒斥仏」思想で朱子学を国教とした結果、世の中をすべて「正邪善悪」の価値観で図り「正しい」「正しくない」の二者択一論で判断。仏教を排斥したため寛容や忍耐の気持ちが希薄。③自分の実力もわきまえず、虚勢を張る「夜郎自大」的感覚。④都合が悪くなるとすぐに他人のせいにする責任転嫁の性質。⑤長年の「礼」に基づく貢物の習慣で、賄賂をもらうことは地位の高さの象徴として自らの価値を高めるという感覚。⑥「野蛮な日本と文明の韓国」という幻想をもち、「日本に対しては何をやってもいいのだ」という反日ナショナリズム。これらが複雑に絡んで今日の韓国人社会に根強く生きている。これらの特性は現地で生活してみないと気がつかない。

　韓国にはお互いがお互いの立場を理解するという「易地思之（ヨクチサジ）」の四文字熟語があるが、残念ながら日韓間の問題解決には生かされていない。

（日本と韓国の比較は別表をご覧いただきたい。）

　これらの国民性を理解したうえで、本章をお読みいただきたい。

　この本は、一日本人経営者が19年間、隣国・韓国で「日韓はパートナーになれる」という思いで活動してきた武勇伝に近い自叙伝的回顧録だ。武勇伝であるが故に、自画自讃的表現が多分にあると感じられるかもしれないがお許しいただきたい。内容は事実に忠実に

<はじめに>

沿った史実である。

　これからパートナーになるべき隣国・韓国や韓国人を理解するうえで少しでもお役にたてれば幸甚に思う。

<日本と韓国の比較>

	日本	韓国
民族性	主に農耕民族 島国的根性（ウエット、きめ細かい） 和をもって尊⇒田植え⇒もの作り、製造業に適性	主に放牧民族 大陸的根性（大胆、大雑把） ひらめき、独立心、個性的⇒IT、アニメーションなどに適性 言語学的にはグローバル化に向いている
教育の 考え方	企業教育重視（OJT教育） 他人に迷惑をかけるな！	企業教育にあまり重点を置かない、 他人に負けるな！　一番になれ！
儒教の影響	企業に対して忠の精神、滅私奉公、運命共同体、終身雇用制（平均勤続年数14～15年） 神教、仏教、儒教などが融合。 他人を許す寛容の精神、自分が耐える忍耐の精神がある	親、年長者に対して考の精神、企業に対して忠の精神は薄い（平均勤続年数4～5年） 仏教を排斥して儒教（朱子学）を国教としたため、常に善悪や道徳的に優れているかなどの二者択一的議論に陥り、寛容や忍耐の気持ちが薄い
歴史観	─────	中国は父、日本は弟 大日本帝国による36年間植民地化の恨み
経営の特徴	全員合意　問題回避 スピード遅い 質重視の経営	即断即決　問題解決型 スピード経営　リスク・ティキング 量重視の経営
経営 スタイル	専門経営者　所有と経営分離 透明経営 後継者は専門経営者	財閥経営　所有と経営未分離 経営が不透明 後継者は子供または親族
経営手法	３現（現場、現物、現実）主義、ＴＱＣ（PDCA）による改善運動 きめが細かく品質重視、チームワーク（小集団活動）	非科学的でエモーショナル、試行錯誤的で改善より改革、待ちの姿勢が強い、シックスシグマ活動の導入、大陸的で（大雑把）品質が弱い、個人プレー（小集団活動が弱い）
経済活動の 本格スタート	1945年の終戦に財閥解体、戦争放棄、経済自立の憲法制定 韓国戦争（朝鮮動乱）による特需などを受け、1952年日米平和条約発効後本格的スタート	韓国戦争（朝鮮動乱）終了の1953年南北休戦条約調印後 第１次パラダイムチェンジ‥漢江の奇跡 第２次パラダイムチェンジ‥アジア通貨危機（IMF管理下） 第３次パラダイムチェンジ‥世界金融危機（リーマンショック）
労働運動の 民主化	1960～70年代労働紛争ピーク、国民所得3万㌦時代に入り労働紛争減少	1987年労働民主化運動スタート、国民所得は未だ1～2万㌦、労働紛争多発 1人当たりのGNIは、2006年に2万ドルを越えてから11年間3万ドルを越えられていない

（筆者作成）

「隣の国はパートナー」になれるか
―日本人経営者 19 年間の駐韓回顧録―

＜推薦文＞　一般社団法人日韓経済協会会長　佐々木 幹夫

＜はじめに＞

1．「蝶のように舞う日本人経営者」……………………………………… 13

2．韓国経済発展のパラダイムチェンジと日韓の経済関係 ……………… 20

3．金大中大統領の政策・・・

　土地・労働・資本などの有形資産時代の経済構造からの脱却……………… 22

　（1）経済の構造調整・・・経済指標を GNP（国民総生産）から GDP（国内
　　　総生産）へ転換………………………………………………………… 22

　（2）産業の構造調整・・・ハード産業（重厚長大型産業）からソフト産業（軽
　　　薄短小型産業）への脱皮……………………………………………… 23

　（3）企業の構造調整・・・「所有と経営不分離」から「所有と経営分離」へ
　　　………………………………………………………………………… 23

4．「強い、面白い、優しい会社」を作ろう ………………………………… 25

　（1）韓国富士ゼロックスの再建 ………………………………………… 25

　　①「強い、面白い、優しい会社」を作ろう

　　　・・・再建に際しての4つのテーマ ……………………………… 25

　　②「コリアゼロックス」から「韓国富士ゼロックス」と社名変更 …… 27

　　③自分の哲学と夢を実現させるプロデューサー・・・CEO の役割 …… 28

　　④「21 世紀の韓国経済の発展に寄与する」会社

　　　・・・ミッションステートメントの制定 ………………………… 28

　　⑤何故倒産？・・・三現主義による分析と対応 …………………… 29

　　⑥事業の構造・・・量重視の経営 …………………………………… 30

　　⑦経営スタイル・・・経営不透明 …………………………………… 30

　（2）差別化戦略 …………………………………………………………… 31

①国内営業の再編強化・・・フィリップス・コトラーの「５Ｐのマーケティング戦略」・・ 31
②輸出事業の活性化・・・品質第一で日米に輸出 ・・・・・・・・・・・・・・・・ 34
③品質を重んじる ROA 経営導入・・・韓国と中国の違い・・・・・・・・・・ 35

(3) 五感機能を駆使してのコミュニケーション・・・経営の透明化 ・・・・・・ 36
①見る社内報 ・・ 36
②読む社内報 ・・ 37
③役員・部長合宿の開催 ・・・・・・・・・・・・・・・・・・・・・・・・・・・・・・・・・ 37
④役員と一般社員との話合いの広場「TALK PLAZA」の開催 ・・・・・・ 38
⑤労使協議会開催・・・会社がつぶれてもボーナスをもらう権利がある ・・・ 38
⑥「サンギョプサル会長」の現場回り ・・・・・・・・・・・・・・・・・・・・・ 39

(4)「強い、面白い、優しい会社」の評価 ・・・・・・・・・・・・・・・・・・・・・・ 41
①１年後に黒字化、増収増益ならびに ROA 改善を継続＝「強い会社」・・・ 41
②労使の連続無紛争賃金交渉が継続＝「強い会社」・・・・・・・・・・・・・ 41
③大統領賞を受賞＝「強い会社」・・・・・・・・・・・・・・・・・・・・・・・・・・ 42
④顧客満足度 NO.1 を維持＝「強い会社」・・・・・・・・・・・・・・・・・・・ 43
⑤従業員満足度は年々改善＝「面白い会社」・・・・・・・・・・・・・・・・・ 44
⑥地球環境保全、地域社会への貢献 ＝「優しい会社」・・・・・・・・・・ 44
⑦日中韓三国の強み活用する「日中韓垂直分業」・・・グローバル経営・・・ 44
⑧大統領産業褒章を授与 ・・・・・・・・・・・・・・・・・・・・・・・・・・・・・・・ 46

5. 盧武鉉大統領の経済政策・・・「東北アジア中心国家建設」・・・・・・・・・・・ 48

6. ソウルジャパンクラブ（ＳＪＣ）理事長と社外活動・・・米国商工会議所・欧州商工会議所と並ぶ３大メジャー商工会議所に ・・・・・・・・・・・ 50
(1) 盧武鉉大統領訪日随行 ・・・・・・・・・・・・・・・・・・・・・・・・・・・・・・・ 51
(2) 盧武鉉大統領国民経済諮問委員会委員としてのコメント ・・・・・・・・・ 56
①「国のイメージ」を変えるべきである ・・・・・・・・・・・・・・・・・・ 56
②外国投資誘致政策について ・・・・・・・・・・・・・・・・・・・・・・・・・・・ 57
③韓国経済の二極化現象解決のヒント ・・・・・・・・・・・・・・・・・・・・ 57
④「外国人 CEO から見た韓国の競争力」・・・・・・・・・・・・・・・・・・・ 57

⑤三大外国商工会議所共同の建議事項 ‥‥‥‥‥‥‥ 58

National Economic Advisory Committee（NEAC）‥‥‥‥‥ 58

(3)「東北アジア経済中心構想」実現の為に「国のイメージ」を
変えるべきである ‥‥‥‥‥‥‥‥‥‥‥‥‥‥ 59

(4)「日韓 FTA は東北アジアハブ構築を可能にする」
‥‥‥韓国の週刊誌にカバーストーリー掲載された初の日本人駐在員‥ 64

(5) 投資誘致には韓国の比較優位をもっと強調すべき ‥‥‥‥ 67

(6) 政府は "外資誘致"、組合では "外国企業、出て行け" ‥‥‥‥ 69

(7) 閣僚会議に出席した初の日本駐在員 ‥‥‥‥‥‥‥ 70

(8) R＆D投資と統計錯視に酔う韓国 ‥‥‥‥‥‥‥‥‥ 72

(9) ソウル市外国人投資諮問委員会 ‥‥‥‥‥‥‥‥‥ 75

(10) 東洋一の日本人学校建設に奔走 ‥‥‥‥‥‥‥‥‥ 78

(11) 国民銀行社外理事‥‥‥日本人を任命した英断に敬服 ‥‥‥‥ 79

(12) 中央大学客員教授 ‥‥‥‥‥‥‥‥‥‥‥‥‥ 81

(13) 金＆張法律事務所‥‥‥「The Kim & Chang」‥‥‥‥‥‥ 81

7．日韓経済人会議 ‥‥‥‥‥‥‥‥‥‥‥‥‥‥‥ 84

(1) 日韓貿易と日韓投資の状況 ‥‥‥‥‥‥‥‥‥‥‥ 84

(2) 日韓経済協力の状況 ‥‥‥‥‥‥‥‥‥‥‥‥‥ 89

● 日韓企業のアライアンス ‥‥‥‥‥‥‥‥‥‥‥ 89

● 第三国における日韓企業連携 ‥‥‥‥‥‥‥‥‥ 90

● 日韓経済協力は韓国の強小企業と日本の中小企業の連携が鍵 ‥‥‥‥ 91

8．金大中、盧武鉉大統領（1998 ～ 2005 年）時代の
韓国経済の課題と対応策 ‥‥‥‥‥‥‥‥‥‥‥‥ 94

コメント①‥‥‥日韓中小企業の協力 ‥‥‥‥‥‥‥‥ 95

コメント②‥‥‥「点」を「線」で繋げ、「面」とした
日韓 FTA（EPA）交渉を ‥‥‥‥‥‥‥‥ 96

9．李明博ノミクス政策‥‥‥747 公約 ‥‥‥‥‥‥‥‥ 99

(1) 公約の未実現 ‥‥‥‥‥‥‥‥‥‥‥‥‥‥‥ 99

（2）政策の副作用 ……………………………………………………… 100

10. 朴槿恵大統領政策・・・474 公約 …………………………… 102

（1）「失われた 10 年」「忘れたい 10 年」 ……………………… 103

（2）スローガンに終わった朴大統領の経済政策・・・憂鬱な韓国経済… 103

（3）唖然とする韓国の「韓日ＦＴＡ」への不節操な対応 ………… 104

11. 日韓友好親善のためのＳＪＣの役割と「日韓友情年 2005」 ………… 106

12.「日韓交流おまつり」……………………………………………… 108

（1）手探りの 2005 年 …………………………………………… 108

（2）「クリエイティビティの日韓関係」に転換の絶好のチャンス ……… 109

（3）「日韓交流おまつり」の特徴 …………………………………… 110

（4）「日韓交流おまつり」の推移 …………………………………… 112

（5）「たかがおまつり、されどおまつり」 ………………………… 117

（6）岸田外務大臣章受章 …………………………………………… 119

13. 民間市民交流 ……………………………………………………… 120

（1）地方自治体交流 ………………………………………………… 120

（2）日韓青少年交流 ………………………………………………… 121

14.「似て非なる国」での 文化・習慣 ……………………………… 126

（1）小学校校長がリベートを要求 ………………………………… 126

（2）偽物の横行とオンブズマンシステム ………………………… 126

（3）"日本の資本主義が札束で労働者のほっぺたを引っぱたく
　　行為は許せない" …………………………………………… 127

（4）「これがサムスンのサービス」 ……………………………… 128

（5）"何故、俺たちにはチケットをくれないのか" ……………… 128

（6）日本人学校の児童が不審な韓国人に斧で頭部を殴られた ……… 129

（7）爆弾酒とその効果 ……………………………………………… 130

（8）似て非なる文化、習慣 ………………………………………… 131

（9）犬を食べる韓国人と馬を食べる日本人 ……………………… 132

15. 韓国の強み ……………………………………………… 133

　（1）豊富なグローバル人材 ………………………………… 133

　（2）韓国産業競争力の強み ………………………………… 137

　（3）ハイブリッド（異種混成）化 ………………………… 140

＜終わりに＞ …………………………………………………… 141

＜あとがき＞ …………………………………………………… 143

＜出版後記＞ …………………………………………………… 147

［添付資料］ …………………………………………………… 151

　● 「外国投資誘致政策について」 ………………………… 151

　● 「韓国経済の二極化現象解決のヒント」 ……………… 155

　● 「外国人 CEO から見た韓国の競争力」 ……………… 161

　● 「三大外国商工会議所共同の建議事項」 ……………… 172

朝鮮日報出版社が2004年5月に出版した雑誌のインタビュー記事「韓国の外国人CEO……韓国富士ゼロックス　高杉会長」から抜粋して自己紹介とする。

1.「蝶のように舞う日本人経営者」

新記録製造機

2003年度から、駐韓日本企業人の集まりであるSeoul Japan Club（SJC）の理事長を兼ねている高杉暢也韓国富士ゼロックス会長。

彼は満55才の1998年に韓国へ来たが短期間で、「新記録製造機」というニックネームが付けられた。彼が牽引してきた韓国富士ゼロックスが、2002年一年間だけを見ても、駐韓外国企業で最初の新労使文化大賞大統領賞、外国人投資優秀企業賞（KOTRA）、顧客満足度第1位（韓国能率協会）などの賞をさらったからだ。

2001年春には外国企業の中では、初めて労働組合が労使無紛糾宣言をしたことに次いで、その後継続して3年連続、賃金交渉なしで労使が賃上げを決める新記録を立てた。組合が賃金引上率を含めた従業員の福祉一切を会社側に任せるということは、韓国労働組合界では本当に稀なことである。ましてや反日感情の根強いことを考えると驚きである。

これらもあって2001年末に、韓国富士ゼロックスはNGOの経済正義実践市民連合から‘正しい外国企業賞’を受けた。

彼はこの2004年1月、前年に引続いてSJCの第8代理事長に連任された。これは1997年からSJC出帆以後、初めての連任記録である。

SJCは300余社の駐韓日系企業と1,500余名の個人がメンバーになっている日韓友好親善と経済発展を目的とした日本人最大の団体組織である。高杉会長は駐韓日本人企業の求心力になり、韓日経済協力と発展に寄与したことが認められ、メンバーたちの圧倒的な支持で2期連続で理事長に選任された。それはまさに軽やかに舞う蝶の

ようだ。

「強い、面白い、優しい会社」を作る

　ソウル中区にある事務室で会った高杉会長にこうした乗勝長駆する秘訣を尋ねた。彼は"「強い、面白い、優しい会社」を作るために信頼をベースに、最善を尽くしているだけだ"と語った。なんとなく欧米の企業とは違った、情を重視する日本企業の独特な雰囲気が感じられた。

　会長室には「看脚下」、「信」、「超」などのような漢字の額縁が人目を引く。日本式経営技法を韓国に繋げて、成功させたいという意志が滲んでいるようだ。高杉会長は韓国へ赴任した1998年4月のことを振り返りながらこう語った。

　"当時、700億ウォンの借金をかかえていた会社は破綻寸前でした。アジア・オセアニアにある9つの関連会社のなかで、売上は一番大きいのですが、利益は一番少なく、社員皆が敗北主義に満ち満ちている暗い会社でした。正直、どう立て直すか頭の痛い状況でした"。

　このような危機状態で、高杉会長は富士ゼロックス本社からリストラの任務を命じられ、韓国へ派遣された。彼は韓国特有の感情を克服するために、話す、見る、聞く、読む、食べる、いわゆる、五感機能を総動員した透明経営を再建の突破口として推進した。

社員とサムギョプサルと焼酎を飲みながら
……「サムギョプサル会長」

　既存の社内報は勿論、四半期ごとに一回ずつビデオテープを製作して、1,200余名の社員に会社実績と隘路事項を一々公開した。加えて、四半期ごとに部長と役員との「経営戦略会」、毎年春と秋には全ての社員を対象にする「Talk Plaza」を開いてコミュニケーションを活性化した。

　彼は時間のある時は社員と一緒にサムギョプサルと焼酎を飲みな

がら、心を打ち明けて話せる雰囲気を作った。お陰で高杉会長は
「サムギョプサル会長」というニックネームで呼ばれる。IMF為替
危機の時だったので、国内の堅実な企業も生き残るために社員削減
を余儀なくせらずを得ない状況だった。従って、社内では背丈の程
170Cmぐらいにも満たない日本人会長が新しく赴任して、殺伐な人
員減少をするのではないかという不安感が溢れていた。しかし、彼
は逆に雇用保証を打ち出した。

　"経営が極度に厳しい状況の中で、100％雇用保証という約束を最
後まで守ったので社員も心を開いて、私を信じてくれました。"当時、
韓日合弁会社だったコリアゼロックスの持分50％が日本富士ゼロッ
クスへ渡され、構造調整が不可避状況であったが、彼のとった経
営スタイルは社員の想像を越えていた。

「労使問題は政治問題ではなく、経営問題だ」

　高杉会長は1966年、富士ゼロックスの経理部に入社以来、一度も
会社を変わっていない。社員を減らして人件費を削減するより、社
員の心を得て、信頼を作る方がもっと大事だというのが彼の信条で
ある。

　彼は韓国内の労使関係に対して、"労使間の信頼が築かれると会
社への忠誠心も生まれる"とし、"結果的に経営をオープンしたこ
とが労使間の信頼を築くことになり、社員が会社を信頼して忠誠に
働くことになった。"と語った。

　それ故、高杉会長は「労使問題は政治問題ではなく、経営問題だ」
と強調している。"労働者と使用者は車の両輪のようなものですの
で、私は「強く、面白く、優しく」自動車を運転しようと努力して
います"。

近代マーケテイングの導入

　解決士としての彼の強い勝負士的気質は労使関係の面だけで発揮

されたのではない。営業網の再構築と果敢なる研究開発にも力を注いだ。学縁、地縁、血縁を媒介に安値販売する前近代的なマーケティング方式とは別に、主に大手企業を狙っての直接販売網を本格的に構築したのだ。"250余名の精鋭直販営業人を徹底教育して、マケッターとして育てた後、オフィスの集中しているソウルなど首都圏をターゲットマーケットと定めたのです。即ち、代理店だけに依存している競合会社との差別化を試みたのです"。

50余名の韓国技術者を日本に派遣

また、彼はここ4年間に280億ウォン以上の研究開発費を投入して、50余名の韓国技術者を日本本社で研修させた。こうした努力が実り、2002年1月に複写機、ファックス、プリンター、スキャナーの機能を統合した多機能デジタル複合機の独自開発という成果をおさめた。2002年の場合、全体売上対比R&D投資割合は8％で業界最高の水準だった。これは2000年の6.6％と比べて20％以上増やしたことになる。

量より質に重きをおく経営にシフト

高杉会長はまた量より質に重きをおく経営にシフトした。実際、彼が就任以降、韓国富士ゼロックスは質的に急成長軌道を歩んでいる。売上額は為替危機以前の水準を回復するまでに至ってないが、利益は毎年顕著に改善されている。

例えば1998年には111億ウォンの赤字だったのが、毎年改善し、2002年には101億ウォンの黒字を計上し、マーケット占有率も2位を占めるまでになった。利益、キャッシュのみならず　品質・アフターサービスなどを含めた企業の綜合生産性指標であるROAも1998年のマイナス8.4％から、2001年にはプラス6.5％、2002年にはプラス9.8％台に上昇曲線になっている。

"量的な拡大ではなくて、質、即ち、キャッシュや利益を生み出す

強い会社になるのが目標です。2004年まで、現在150％の負債比率をZEROに近づけて、ROAは15％まで高めるつもりです"。

「孝」の精神 と 「忠」の精神

　インタービューの時、高杉会長は何回も自分が終身雇用と和合を重視する日本式経営の信望論者であることを表した。しかし、彼は"主君や会社に対する「忠」を強調する日本とは違って、韓国は親や家族に対する「孝」を重視する伝統がより強いから、会社が先に従業員を理解しようと努力することの方が効果的だ"と強調した。

　特に、彼は"韓国人の独特な心理構造をよく生かすと、経営に肯定的なSynergy効果が得られる"と主張した。

　"韓国人は心に火が付くと大変な能力を発揮します。従って、短期的な成果だけを求めるアメリカ経営より情と個人を重視する日本式経営技法が韓国人にはより適切だと信じます"。

　しかし，彼は"韓国が「孝」の精神を強調するあまり、親と家族に対する孝行の精神が組織に対する「忠」より先立って、会社の経営に障害になることもある"とコメントした。つまり、個人は強いかも知れないが組織は強くならない弱みを持っているという見解である。反対に、"日本はサムライ時代以来、主君に対する忠誠心という「忠」の精神が強調されている。このような伝統が会社に対する忠誠心に繋がり日本経済発展の原動力になり、ひいては日本人思考方式の核心になっている"という。

CEO はプロデューサー

　CEOとしての哲学を聞くと、"CEOは放送局のプロデューサーやストリーメーカーの役割をする存在"と言う。"具体的には会社のビジョンを作り、従業員の末端まで方針展開させ、P（Plan）、D（Do）、C（Check）、A（Action）というサイクルをまわしながら目標を効果的に達成する"という説明だ。

彼はこれのために"週・月・四半期・年間ごとに計画を立てて,販売台数、売上、利益などに加え、顧客満足指数（CSI）、従業員満足指数（ESI）、企業利益率（ROE）のような科学的な指標を総動員する"という。これまでのような直感や洞察力に頼る古い経営はこれ以上通じないという確固たる信念を持っている。実際、彼はこれまで身をおいていた富士ゼロックスグループで、統計数値と科学的なマインドを重要視する指折りの財経・経理分野のベテランとして認識されている。

所有と経営の分離が必要

高杉会長は"韓国経済が先進国水準に発展するためには先進型リーダーシップモデル創出が焦眉の急だ"として、"CEOと財閥企業オーナーとの君臣関係の断絶、即ち、所有と経営の分離が必要だ"と強調している。"日本の場合, 財閥企業オーナーは資本を所有するだけで、経営には直接タッチしない。しかし、韓国のオーナーは今も会社は自分の所有物という考えからCEOを召し使いのように一方的に使ったり、指示したりするのが一般的です"。

彼は韓国人CEOらが現場に余り行かないことにもとても批判的な立場である。現場で起きていることを自分の目で確かめないと経営は透明にならないという見解である。

韓日 FTA を締結して一つの市場を作ることが大事

社員や顧客とカラオケに行くと、ナフンアの"ヨンヨン（永遠）"、"サラン（愛）"などの歌を愛唱する高杉会長はコリコムタン、サムギョプサル、カルキュクスなど韓国料理を楽しむ愛韓派だと自称している。時間のあるときはスーパーで物を買って直接料理を作ったりもする。

彼は毎朝6時に起きて、漢江沿いを４Kmぐらい散歩することから一日をスタートする。高技術力、高品質力を備えている日本と低

1．「蝶のように舞う日本人経営者」

生産コストと巨大マーケットをもつ中国の間に置かれている韓国の未来に対して、彼は次のように助言した。

"巨大市場、低コストの中国と高技術、高品質の日本とのくるみ割り器の中にあると言われる韓国が、くるみにならないためには、自分の強みを最大限に活用していく知恵が必要です。加えて、雇用創出、外資誘致、先進経営技法など肯定的効果の多い外国企業の誘致にもっと拍車をかけなければなりません"。

　高杉会長は急速に台頭する中国経済に対応するため、韓日両国がFTAを結んで、一つの市場を作り協力し合うのがよい方法だという見解を強調した。

2. 韓国経済発展のパラダイムチェンジと日韓の経済関係

　本論に入る前に韓国経済発展の歴史、日韓の経済関係について簡単におさらいをしておきたい。

　韓国経済のパラダイムチェンジ（日韓経済連携の発展の軌跡）は次の頁に示した通りである。
　概略をまとめると次のようになる。

- 1965 年に日韓国交正常化調印が行われ、8 億ドルの賠償金を基に朴正熙大統領が経済開発 5 ケ年改革を立案、漢江の奇跡と言われる経済発展を成し遂げた。
- 1988 年にソウル五輪開催、1996 年には OECD に加盟し、世界経済の仲間入りを果たした。
- 1970 年代の GDP は 3 兆ウォン足らずであった。しかし、1996 年 OECD 加盟時には 410 兆ウォンに達し、2000 年代に入るとそのスピードは増し、1500 兆ウォンのレベルに達した。
- 1960 年代一人当たり GDP は 80 ドルのレベルだったが、そのスピードは遅く、40 年かけて 1 万ドルに届いた。その後はあれよあれよと言う間に 3 万ドル近くまで到達した。しかし、1 人当たりの GDP は、2006 年に 2 万ドルを越えてから 11 年間 3 万ドルを越えられていない。
- 韓国の経済成長を牽引してきた産業の発展、韓国政府の外資投資誘致政策に応じ、労働集約的軽工業⇒重化学工業・電機⇒自動車・機械・IT 産業のように段階的に日本企業の韓国進出が行われてきている。
- 1953 年、韓国戦争（朝鮮動乱）終了。南北休戦条約調印後、第 1 次パラダイムチェンジ……漢江の奇跡⇒第 2 次パラダイムチェン

20

2．韓国経済発展のパラダイムチェンジと日韓の経済関係

ジ……アジア通貨危機（IMF管理下）⇒第3次パラダイムチェンジ……世界金融危機（リーマンショック）と3回のパラダイムチェンジを経験した。そして今日、第4次パラダイムチェンジに直面している。

図-1　韓国経済のパラダイムチェンジ（日韓経済連携の発展の軌跡）〈出典：三菱商事〉

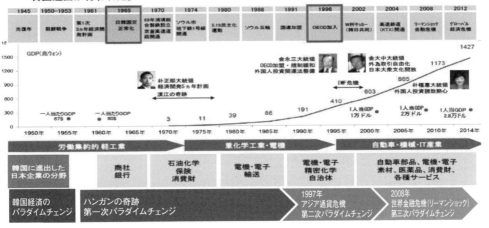

このようにアジア通貨危機に見舞われ、金大中大統領の開放政策による第2次パラダイムチェンジを経て以降、韓国経済は急速に発展し、グローバル化した。進出した外国企業の人、モノ、カネ、技術が韓国企業の発展をサポートしたのである。勿論、優秀な韓国企業が外国企業の人、モノ、カネ、技術をうまく取り入れ「パリパリ精神」で成長したことは言うまでもない。特に、バブル崩壊後「失われた20年」と揶揄された日本経済は勢いを失い、多くの日本企業が「韓国企業に学べ」と訪韓したことは記憶に新しい。

3. 金大中大統領の政策……土地・労働・資本などの有形資産時代の経済構造からの脱却

　1997年のアジア通貨危機により影響を被った韓国経済不況は、タイ、マレーシア、シンガポール等のアジア諸国と同様に、短期資金の引き上げに起因している。しかし、根本原因は30年前の経済構造、産業構造及び企業構造をもって21世紀のパラダイムに対応しようとしたところにある。つまり、「土地・労働・資本などの有形資産の時代から知識・技術・情報などの無形資産の時代への移行にうまく対応出来なかった」と言われていた。

　金大中大統領はIMF危機管理の中、「民主主義と市場経済」政策の基に、経済・産業・企業の3つの側面から構造調整を進めて来た。

（1）経済の構造調整…… 経済指標を GNP（国民総生産）から GDP（国内総生産）へ転換

　金大中大統領は国民経済計算上の経済指標をGNP（国民総生産）からGDP（国内総生産）に切り替えた。つまり、韓国の経済を韓国国籍企業のアウトプットでみるのではなく、韓国国内の企業のアウトプットで把握することに切り替えたのだ。国内の生産性付加価値を上げるためには、規制を撤廃して外国企業を積極的に誘致する政策をとったのである。

　この政策により、韓国富士ゼロックスのように韓国資本とのジョイントベンチャー企業が次々と日本独資の企業へと生まれ変わった。結果としてGDPは1999年10.9％、2000年9.3％、2001年3.0％、2002年6.0％とIMFの優等生と称されるほどの成長を示した。この成長に大きく貢献したのが外国直接投資（FDI）である。政府はこの国を外資投資企業にとって最も経営しやすい国にするとFDIに優遇策を執ってきた。

（2）産業の構造調整……ハード産業（重厚長大型産業）からソフト産業（軽薄短小型産業）への脱皮

　韓国人の強みとして企業家精神が旺盛、ITに優れているなどがあげられる。これを裏づけるかのように1998、1999年のIMF管理下時は、パソコン、インターネットのソフト関係のベンチャー企業が群生のように起業し、とはいえ、やがてその多くが自然淘汰された。

　韓国のインターネット、ブロードバンドの浸透率は非常に高く、世界の最進国のひとつになった。これには日本もかなわない。

　このように従来のハード産業（重厚長大型産業）からソフト産業（軽薄短小型産業）へと脱皮を図り、新産業を開発する事を発展させてきている。

　しかし、韓国で経営に携わり、生活をしてみて驚く事の一つに、目に見えないものに対しては価値を認めない、即ち代価を支払わないという考え方がある。サービスやコンサルテイングや知的所有権は"只"だという考えがまだ蔓延している。海賊版の氾濫、商権の無断使用などアフターサービスが育たない理由がそこに存在する。

　また、「生産性」とは"小さなインプットで付加価値を付けた大きなアウトプットを生み出す"という概念が一般的だが、週末に働いたり、徹夜をしたり、ともかく一生懸命働く事が生産性だと考える文化が残ることも資本主義の未熟さを裏付ける。

（3）企業の構造調整……「所有と経営不分離」から「所有と経営分離」へ

　韓国は通貨危機に陥るまで約30年間以上にわたり「漢江の奇跡」と称される右肩上がりの経済成長を続けてきた。これは所謂「財閥経営」によるところが大であった事は否めない。

「財閥経営」の特徴は、即断即決のよさはあるものの「所有と経営不分離」即ち「オーナー」と「サーバント」的なマネジメントスタイルにある。韓国型資本主義発達の過程で経営者は所有者であり、従業員は働いてお金を稼ぐ人と言う暗黙の形式が出来上がって来たのである。

　金大中大統領は従来の「所有と経営不分離」から「所有と経営分離」へと変化させ、専門化体制を確立させる「企業の構造調整」を政府指導で精力的に推進してきた。しかし「財閥経営」のオーナーのマインドは一夜にして変わるわけではない。日本でもマスコミを賑わした現代自動車やロッテホテルなどの労使紛争は「財閥経営」の特徴である経営の不透明性にその原因がある。労使紛争は韓国の代表的ネガティブイメージとなっているが、その紛争件数は減少傾向にあるとは言え、後を絶たない。

4.「強い、面白い、優しい会社」を作ろう

（1）韓国富士ゼロックスの再建

　前述のように、新しく誕生した金大中大統領が打ち出す政策に呼応するかのように、1998年4月からジョイントベンチャーから100％独資に生まれ変わった韓国富士ゼロックスの再建が始まった。100％独資になったことで韓国人から干渉されず、私の考えや指導を具現化することのできるマネジメント環境になったことが想定外の早さで再建できた鍵と考えている。

①「強い、面白い、優しい会社」を作ろう…… 再建に際しての4つのテーマ……

　1200名の韓国人社員を前に、4つのテーマをあげ私の思いを伝えることから再建に取り掛かった。
　1つめは、「この会社は韓国人による韓国のお客様のための韓国企業であること」を強調した。100％日本資本となって、"進駐軍が来た、大変なことになる"と不安にかられる社員もいたので、それを払拭することを意識した。
　2つめは「経営の透明化」である。富士ゼロックスは、韓国だけでなくアジア各国においてもオペレーションを展開している。韓国は、当時でもアジア・オセアニア地区では日本に次ぐ経済大国であり、売上の規模は大きかった。しかし売上の規模は大きいとはいえキャッシュフローや利益が悪化していることについては社員の誰一人知らなかったのだ。それ故、"突然、会社が倒産寸前になり日本人経営者がやってくる"ということを知り、会社中が大騒ぎになっていたのだ。そこで全社員に財務状況を詳細に説明し、全員で改善していくことを呼びかけた。

3つめは「不易流行」の精神である。歴史的にみて韓国は日本の先輩国で、日本は古くから礼儀作法を含めあらゆる面で韓国から教えを受けてきた。しかし、優れた伝統と文化を持つ国である反面、非常に保守的で古い体質が残っている。そこで変える必要のないものは変えない「不易」、新しいものを取り入れていく姿勢「流行」が必要だと説いた。特に身近なビジネスの改善については"必要なことであればどんどん変えてやってもいいよ"と呼びかけた。

　最後4つめに「強い、面白い、優しい会社」を作ろうと訴えた。これはCSR（企業の社会的責任）の考えに基づく富士ゼロックスの哲学であり、時代を先取りしたキーワードだ。企業をとりまくステークホルダー（利害関係者：株主、顧客、従業員、社会全体、地球環境など）に対して企業が適切な対応をとっていく姿勢を示している。

　つまり、株主には利益を出して、配当ができる。お客様にはさす

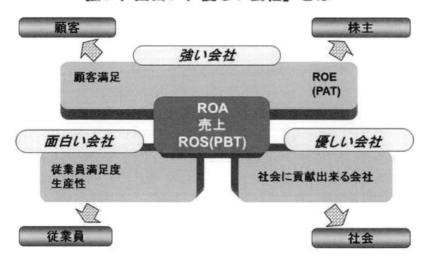

がゼロックスといわれるよい商品、サービスを提供する……「強い会社」。

　働く社員には自分の思いを実現できる場を提供する。その結果、士気があがり、給料が上がり、福利厚生がよくなる……「面白い会社」。

　地球環境には産業廃棄物など出さず、またボランティア活動により 地域社会に貢献する……「優しい会社」。

　このような会社を実現しようというメッセージを送った。

　因みに、日本の富士ゼロックスのスローガンは「強い、優しい、面白い」会社である。それをあえて「強い、面白い、優しい」と「面白い」を先に持ってきた。その理由は、韓国ではまだ企業はその責任の優先順位を地域社会や地球環境よりも社員においていたからだ。また、日本人経営者という立場を考える時、少しでも韓国人社員に寄り添った考え方で伝えようとしたからである。

② 「コリアゼロックス」から「韓国富士ゼロックス」に社名変更

　当時、韓国ではCSR（企業の社会的責任）の考え方はまだ浸透していなかったので多くの社員が、"この日本人経営者は何を言っているのだろう？"と思ったようだ。しかし、このメッセージは社員はもとより韓国社会に鮮烈な印象を与えた。

　1998年、当時はまだ反日感情が強く、競合会社が顧客に対して"韓国富士ゼロックスは日本の資本になったのだから、利益もキャッシュも日本に流れてしまうぞ"とアジテイトする状況であった。また、意地悪な顧客はインターネットで"韓国富士ゼロックスは日本の会社だ"と流布し、一企業ではなく日本全体に対して反日感情をあらわにする有様であった。

このような状況ゆえ、会社名を「コリアゼロックス」から「韓国富士ゼロックス」に変更するに当たり、7〜8割の社員から"富士は日本のイメージがあるので止めてほしい"とのクレームが出て閉口した。しかし、アジア全域の関連会社はそろって「富士ゼロックス」の冠を付けている中で、韓国だけが例外になるのは異質であった。コーポレートアイデンティーの観点から統一を図るため、「韓国富士ゼロックス」と社名変更をした。抵抗はあったが結果的に社名変更は正しい判断だった。

③ 自分の哲学と夢を実現させるプロデューサー…… CEO の役割

「21 世紀のグローバル時代の CEO の役割は、CSR の観点から全てのステークホルダーのために強力なリーダーシップとよりよいコミュニケーションを通じ、自分の哲学と夢を実現させるプロデューサーである。」
これは私が就任時に定義したCEOの役割である。
"皆さん映画を見たり、テレビのドラマを見て笑ったり泣いたり感動することがあるでしょう。なぜですか？勿論、演じている役者の演技力によるところもありますが、そこには明確なストーリーがあるからです。経営もまったく同じです。経営者はストーリーを作り役者を当てはめるプロデューサーなのです。ストーリーのない経営は感動しません"。

これが就任時に社員に説いた私のセリフである。

④「21 世紀の韓国経済の発展に寄与する」会社……ミッションステートメントの制定

社員に"わが社はどういう役割を持つ会社ですか"と問いてみた。

すべての社員が"ゼロックスを売る会社です"と異口同音に答えた。当時の社員の意識を考慮すればムベなるかなである。

私は全社員を啓蒙するために「韓国富士ゼロックスは韓国企業のオフィスの生産性向上に貢献し、21世紀の韓国経済の発展に寄与する会社である」と説いた。韓国人には何事も大きな大義名分を与えて説得すること（例えば、国のために貢献するように）が肝要だ。

このことは思いつきではなく次の2つの観点から述べたのだ。

ひとつはこの時代、技術的の世界ではアナログからデジタルに技術移転が進んでいた。アナログ複写機からデジタル複写機への転換が始まっていたのである。

コピーをとるだけのアナログ複写機であれば今まで通り地縁、学縁を通じてのセールスで良かったが、マルチファンクションのデジタル複写機となるとこれまでの古い韓国式販売方法では通じない。お客様に使用方法を説明できるのみならず、お客様のオフィスの事務生産性向上のソリューションやコンサルテイングを提案できなくてはならない。そのためには社内においてそのスペックのマーケッターにするべく教育をして育てなくてはならない。それができるのは直販のセールス要員を持つわが社だけと自負していた（競合他社は代理店セールスシステムだからできない）。

もう一つの生産性改善は労使紛争の改善だ。ご多分に漏れずわが社も相当にひどい労使関係にあった。私は日本人であっても経営を透明にすることにより、1200人の韓国人社員と労使和合ができ、他社の模範となる自信があった。

⑤何故倒産？…… 三現主義による分析と対応

日本経営の特徴は三現主義である。現場に行って、現物を見て、事実のデーターに基づき、何故、何故を5回繰り返して原因を分析して対応策を考えるやり方である。

何故、韓国富士ゼロックスは倒産しかかったのかを自らの手で分析をした（私のバックグランドはファイナンスだ）。いくつか理由はあったが、大きくは「事業の構造……量重視の経営」、と「経営スタイル……経営不透明」の二つであった。

⑥事業の構造……量重視の経営

　ゼロックスビジネスの基本構造は機械販売（ハードウエア）とアフタービジネス（ソフトウェア）から成り立っている。ファイナンスの観点から見ると機械販売（ハードウエア）30％とアフタービジネス（ソフトウェア）70％の構成が安定的ビジネスの構造である。
　しかし、韓国ではこの構成が全く逆となっていた。何故？……考えられることは質よりも量に重きをおく韓国経営。利益やキャッシュを考えるよりは、売り上げの拡大とマーケットシエアの拡大に最重点を置いていた。また、サービスは“只”という韓国の国民意識が災いしていた。
　アジア通貨危機でIMFの管理下に置かれた韓国経済は最悪の状況下であったので、機械の販売はことのほか難しく、またアフターサービスもほとんど回収できなかった。また、資金回収や在庫管理などのキャッシュフロー管理は皆無に近く、資金不足と多額の借金の経営状態であった。

⑦ 経営スタイル……経営不透明

　小規模ながら韓国財閥がオーナーであったコリアゼロックスは、「オーナーはお父さん、働く社員は子供」の関係にあった。勤勉に働く社員はオーナーの指示通り会社のために働いてきていたのだが、ある日突然会社が行き詰まり、日本から新しい経営者が着任することを知らされびっくり仰天するのである。

これは経営そのものが透明性を欠いていたことに起因していた、当時の韓国企業の実態はみんな等しく不透明であった。

（２）差別化戦略
これらの分析を経て次のような差別化戦略を打ち出した。
①国内営業の再編強化
②輸出事業の活性化、
③品質を重んじるROA経営導入

①国内営業の再編強化
フィリップ・コトラーの『５Ｐのマーケティング戦略』に基づき他社にない自社の強みを戦略に取り入れた。

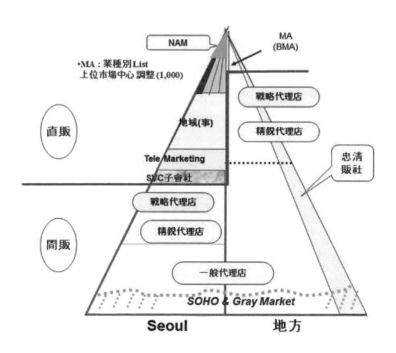

● PLACE（マーケット）……セグメンテーションとカバレッジ

　韓国には310万社の企業がある、これを従業員規模基準でセグメ
ンテーションした。韓国人はこの手の情報収集や分析が不得手だ。
したがって、会社にとって初めての試みであった。
　従業員500人以上の企業が1200社、50人以上の企業が３万社、残
り99％は中小企業である。また、韓国はソウル一極集中と言ってい
いほどソウルに集中している、人口で言えば25％、企業数で言えば
60％はソウルである。当然のことながらカバッレジは前頁のように
なる。

　大規模顧客には社内教育で精鋭化したマーケッターを投入した。
地方には日本の富士ゼロックが取り入れた大型間接販売店政策を取
り入れ、忠清道に忠清販売会社を創設した。代理店もその規模、専
門性により戦略代理店、精鋭代理店、一般代理店と層別して導入し
た。

● PEOPLE……セールスマンからマーケッターに

　韓国は企業教育をする会社は少ないようだ（社員がすぐ辞めるか
らなのか、教育しないからすぐ辞めるのかは鶏と卵の関係だが）。
上述のマーケット分析すらしていなかった状態だから、直販セール
ス250人は代理店セールス同様学縁、地縁をベースに営業活動をして
いた。所謂、セールスマンだったのだ。弊社の強みである直販セー
ルスシステムが弱みとなっていたのである。
　彼らを徹底的に社内教育して、単なる物売りのセールスマンから
ソリューションやコンサルテイングをお客様に提案できるマーケッ
ターに転換させた。教育は営業のR&D投資である。金と時間がか
かったが信念で押し進めた。

4.「強い、面白い、優しい会社」を作ろう…… 韓国富士ゼロックスの再建

● PRODUCT……デジタル複写機の開発・生産

　韓国の強みの一つにものづくりがある。ものづくりは「開発と生産の一体化」が求められる。日本より劣るものの、中国に較べればより上質な物作りができる力がある。

　当時、富士ゼロックスの商品構成の一角を占める「ＣＨＡＭＰ」という小型アナログ複写機を開発していた。"時代は変わっている、もうアナログの時代ではない"そう思って「ＣＨＡＭＰ」開発に関わっていた50余名の社員をデジタル教育を受けさせるために日本の海老名工場に派遣した。

　"死ぬ覚悟で頑張って来い！"の声に励まされて日本に派遣された精鋭たちは２年足らずでデジタル技術を習得して、韓国独自の商品を開発できるまでに育った。おまけに日本語が流暢に話せるようになって帰って来たのには驚いた。

● PROMOTION……韓国初・商品を飾らないショールームの開設

　ソウル江南のオフィス街の一角にショールームを開設した。当時、韓国には事務機器のショールームは皆無だった。ソウルの一等地である江南地区にショールームを開設したのだ。それも商品を展示するショールームではなくソリューションをプレゼンするショールームである。まさに時代を先取りした代物だ。

　また、韓国人は均一性が強いから、釜山や大邱にもショールームを作って欲しいとの要求が入った。

　費用と効果の観点から、地方には動くショールーム、即ち、ショールームバスを配置し循環させた。

● PRICE

33

一般的に価格設定には売上高、利益、マーケット・シェアなどの点から価格の大枠を決める価格戦略と、それに基づいて設定された範囲で、マーケットの状況変化に応じて対応する価格戦術とがある。韓国の場合、往々にして話合いによる「情の価格設定」が多かった。アナログ複写機の単一機能からデジタル複写機の複合機能に替われば当然価格も変わる。

　トップマネジメントとしては価格設定を行う前に、そのサービスで何を達成しようとしているか目標を明確化しておく必要がある。例えば、（１）利益最大化価格設定、（２）マーケット・シェア最大化価格設定、（３）上層吸収価格設定、（４）売上最大化価格設定、（５）利益ターゲット価格設定、（６）プロモーション価格設定などである。

　しかし、国民的感情は容易に変えられなかった。複写機は機能ではなく安ければよかったのだ。デジタル複写機は高いというイメージがあり普及には時間がかかった。

②輸出事業の活性化……品質第一で日米に輸出

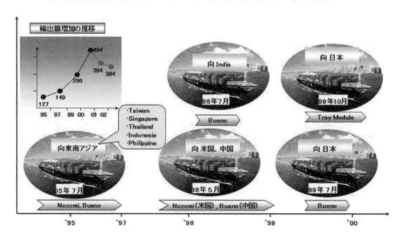

4.「強い、面白い、優しい会社」を作ろう…… 韓国富士ゼロックスの再建

　それまでコリアゼロックスで開発・生産したアナログ商品は主に東南アジアの関連会社に輸出していた。台湾、タイなど関連販売会社からは韓国製品は品質が良くないとのクレームが続出していた。
　幸い、私の赴任より3年前から富士ゼロックスが「品質管理」の教育を徹底していたため「安かろう、悪かろう」のイメージは少しずつ薄れていた。富士ゼロックスの「品質管理」教育が韓国人開発・生産部門で受け入れられ、これまでの東南アジアから中国や米国、日本まで輸出先が広がり、売上は1997年の150億ウォンから2000年には500億ウォンのレベルまで拡大して大きな柱に育ってきた。韓国人は確かな教育をすれば必ず成果を出すことを悟った。
　しかし、2001年を境に輸出が減変する。生産コストが安い中国へ工場の移転が始まり、弊社ばかりではなく、韓国内に産業の空洞化が始まったのだ。これについては後述することにする。

③品質を重んじる ROA 経営導入……韓国と中国の違い

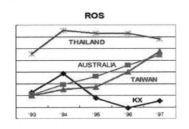

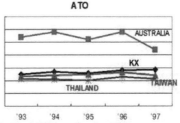

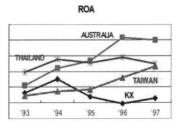

　ROA、ATO、ROSなど各種ファイナンス指標について1998年以

35

前の５年間を他の関連会社と比較した。ここでは台湾富士ゼロックスをベンチマークしてみた。５年前の1993年時点のROAはコリアゼロックスの方が 台湾富士ゼロックスより優れていた。しかし、５年後には格差が開いていた。何故、５年の間に逆転したのだろうか？　答えは簡単だった。

　銀行出身の台湾富士ゼロックス会長はキャッシュと利益に拘った。一方、コリアゼロックスの経営者は販売台数（マーケットシエア）の拡大や売り上げの拡大、即ち、量の拡大に拘り、キャシュや利益管理は疎かにしていた。その結果、ROAの格差が生じたのだ。ここに中国（台湾）人と韓国人の国民性の違いが見て取れる。

　当然のことながら、量の拡大より、質の改善へと視点を変える必要があった。

　売掛金の回収、在庫の改善などキャッシュフローマネジメントを導入した。しかし、口で言うのは簡単だが実際に社員にそのことを教え、実践に移すことはこれまで訓練されていないが故に大仕事であった。

（3）五感機能を駆使してのコミュニケーション…… 経営の透明化

　会社が倒産しかかった大きな理由の一つは経営の不透明化であった。経営の実態を分析し、透明化方針を明確にして、戦略や対策を考える。これはTOPとしてのCEOの役割である。

　これを如何にして1200人の韓国人社員に理解させ、実践させるか、このことが経営の神髄であり鍵である。ましてや反日感情の強い韓国で日本人経営者がこれを徹底させることは至難の業であった。

　経営の方針、分析、戦略・対応策を全社員に理解させるために、五感機能を駆使してコミュニケーションを繰り返した。これは2005年に会長職を退任するまで継続した……私のモットーは「継続は力

4.「強い、面白い、優しい会社」を作ろう……韓国富士ゼロックスの再建

なり」である。具体的には次の通りである。

①四半期ごとにビデオを活用して自らの経営哲学、経営戦略、業績、
　出来事などを開示（見る社内報）

　韓国語が不得手な私にとって全国各地に所在する1200人の社員に
どのように情報を伝えるか苦慮した。
　その結果、ビデオの活用を思いついた。日本語で話しかけてもスーパーインポーズで韓国語の字幕が映し出されることにより、社員が理解できる。なおかつ社内で起きた出来事をビデオを通して全社員に理解させることができる。まさに一石二鳥の見る社内報なのだ。三か月ごとに繰り返した。

②２か月ごとに社内報の発行（読む社内報）

　勿論、一般的な社内報は２か月に１回発行した

③四半期ごとに役員・部長合宿を開催

　日本経営の特徴はPDCAサイクルを回しながら改善活動を行うことである。期初に立てた計画を実施に移行し、３ヶ月経過したところでチェック・レビューを入れる。これを「ＯＵＴ　ＬＯＯＫサイクル」と称した。
　役員と幹部社員が一同に会してレビューを行い、計画未達の原因、計画通りにうまくいったところの要因を確認し合うのだ。TQC道具の「魚の骨」を使ってやるのだが、最初は全く馴染めず、理解させるのに苦労した。“人に迷惑をかけるな”と家庭内教育をうけてきた日本人には小集団活動のTQCは向いているが、“誰にも負けるな、一番になれ”と教育されてきた韓国人は個人主義が強くTQC

は全く馴染まなかった。

　それでも見よう見まねで時間の経過と共に研修の効果を発揮して
きた

④年２回、役員と一般社員との話合いの広場「TALK　PLAZA」を
　開催

「強い、面白い、優しい」会社にするためにどうしたらよいのか、
年に2回一般社員の参加者を募り「TALK PLAZA」を開催してきた。
　今まで役員との対話がなかった社員にとって、最初は話合いの場
で躊躇していたが、やがて重い口を開くようになってきた。しかし、
「強い、面白い、優しい」会社を作るための建設的意見はほとんど
出ない状態が続いた。むしろいいチャンスとばかりに会社に対して
ないものねだりをする場面が目立った。例えば「優しい会社」とは
自然環境保護のため産業廃棄物を出さない、あるいは、ボランティ
ア活動などにより地域社会に貢献するという意味だが、「優しい」
というのならもっと社員の給料を上げたり、福利厚生施設を充実し
てほしいとアッピールするのだった。

⑤四半期ごとに労使協議会開催……会社が倒産してもボーナスをも
　らう権利がある

　３ヶ月に一度 労使協議会を開催することは韓国の労働法のルール
だが、前任の韓国人経営者はこれを無視していた。
　労使協議に関するエピソードは枚挙に暇がない。地獄を見る思い
をした経験をひとつ語ってみよう。

　私の赴任した1998年は韓国経済が全くの不況下にあり、ものが売
れない時代であった。ご多分に漏れず複写機も売れない。アフター

4.「強い、面白い、優しい会社」を作ろう…… 韓国富士ゼロックスの再建

サービスもらちがあかない。時間の経過とともに計画のみならずファイナンス状態も前年をも下回る状況になってきた。12月の決算を控えた10月度の労使会議で財務諸表を見せながら、こう説明した。"1200人の社員のレイオフはしないと宣言したが、今の状況だと会社創業以来最悪の決算状況になる。管理可能な経費はコントロールしてきたが、いよいよ固定費の人件費にまで手を付けなくてはならくなってきた。ついては準固定費の12月のボーナスは払えない状況である。"ところが、組合の委員長をはじめ幹部が私の所に詰め寄り"会長は韓国のことが全然分かっていない。会社が倒産してもボーナスはもらう権利がある。もし払わないのならストライキをやるぞ!"と迫ってきた。これには私も驚いた。"会社が潰れたらボーナスどころかあなた方の生活がこわれるのだが、それでもいいのかい?"と、のど元まで出かかった言葉を抑えた。日本とは全く異なるカルチャーに地獄を見た思いがした。

しかし、最悪の状況で払うべきキャッシュがないのだ。私は真摯に答えた。"12月のボーナスは払えないが、年が明け新年度になって銀行借り入れが可能になったら払うのでそれまで待ってほしい……約束する。"

経営を透明にしてきたおかげで、会社の困窮状況を理解してくれたのか、半信半疑の組合は矛を収めて私の話を聞き入れてくれた。暮から正月にかけて金策に駆けずり回り、辛い新年を過ごして何とか目処を立て、旧正月の前に約束通り12月のボーナスを支払った。

そしたら何と"今度の日本の経営者はうそをつかない、約束を守った!"と組合は驚き、歓喜の声をを上げた。

それからは労使関係はスムーズにいくようになった。労使問題解決には相互の信頼が大切であることを立証する実話である。

後になって、わが社のボーナスは準固定費ではなく給料の一部であることを知った、勉強不足だった。

39

⑥「サンギョプサル会長」の現場回り

　三現主義経営に基づき、度重なる現場回りにより韓国人社員との相互コミュニケーションを図った。ついたあだ名が「サンギョプサル会長」。

朝日新聞　2006年4月1日　夕刊　2ページ　東京本社

ぴーぷる

韓国政府が大統領褒章

豊臣系歴代トップ

　韓国富士ゼロックス最高顧問の高杉暢也さん(63)が、日韓親善と投資促進への努力を評価され、韓国政府から大統領褒章を贈られた。
　「サムギョプサル（豚バラ肉の焼き肉）で焼酎を一杯やるか」
　経営トップの権威が高く、社員との交流が少ない韓国で、日米企業最大手のトップとして、韓国人社員との対話を欠かさない。「庶民派」として名乗ったのは会社の再建を98年の赴任で命じられた韓国財界で、「まずは現場を知らなければ」

と思ったのがはじまりだった。経営が軌道に乗り、労使対立の激しい韓国で、05年までの5年、一度のストなしの一気呵成を実現させた。

　趣味も関心もなかった韓国、だが赴任までに「韓国の人は直情で気性が激しい」。相手の立場を理解すると素直に受け入れてくれる。いったん懐に入れば、情が深い」

　両国関係はギクシャクしたが、700件の交流事業の旗振り役を務めた。「日韓交情年」の昨年業の旗振り役を務めた。「両国民に喜ばれる日本人、企業でありたい」（神谷毅）

　"事実は現場にある"をモットーに定期的に全国各地を回った。例えば、まだＫＴＸのない時代、釜山支店への日帰りは無理。支店に行って現場のお客様を回り、支店長とスタッフから事実のデーターを基に現状のプレゼンを受ける。質疑応答や現場の要望を聞き、終わった後は韓国固有の庶民の料理、豚の三枚肉（サンギョプサル）と焼酎で 支店の全員とノミュニケーションを図るのだ。最近はサンギョプサルも高くなってきたが、手ごろな値段で費用と効果の点から言えば最高の 相互コミュニケーション手段であった。

　韓国人の経営者にこのことを勧めると、多くの経営者が"そんな安っぽい酒と肴は俺には似合わない"と一笑に付されることがたびたびであった。韓国人は気位が高いのだ。

　しかし、この効果的なコミュニケーション方法を、中央日報新聞

4.「強い、面白い、優しい会社」を作ろう……韓国富士ゼロックスの再建

はじめ地元のマスコミから「サンギョプサル会長」というニックネームまで付けて労使相互コミュニケーションのモデルとして紹介された。思いがけず世間に名が知られるようになった。韓国人労働者と一体化となり韓国の会社の再建に一所懸命とり組む日本人経営者という評価をしてくれたのである。この労使和合（一体化）での会社再建の模様は1999年8月13日放送のテレビ番組の「NHKスペシャル"隣の国はパートナー"」でも日本中に紹介された。

（4）「強い、面白い、優しい会社」の評価

上述の成果により、3年後には狙いの「強い、面白い、優しい会社」のイメージが形作られてきた。

① レイオフ、賃金カットなしに1年後に黒字化、以後、増収増益ならびにROA改善を継続＝「強い会社」

"経営は点でなく線でみる必要がある"と従業員を啓蒙し続けた。

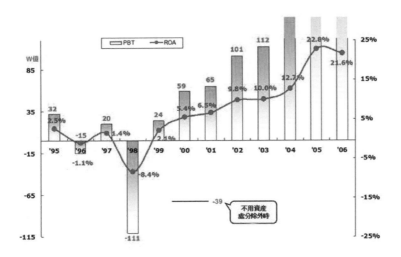

②労使の連続無紛争賃金交渉が継続
　＝「強い会社」

　着任3年後の2001年春に、外国投資企業としては韓国ではじめてのハンマウン（労使一つの心）大会を開催。そこで労働組合が労使無紛争宣言をした。日本人経営者と1200人の韓国従業員が短期間で戦闘的な労使関係を改善したことは韓国労働運動の歴史上画期的出来事としてKBSテレビが翌朝のニュースで全国に放送。以来、連続無紛争賃金交渉が継続している。

③大統領賞を受賞＝「強い会社」

　2001年秋に金大中大統領の最重要政策「新労使文化構築」で外国投資企業として初の大統領賞を受けた。

韓国富士ゼロックス

労使協調で大統領賞

富士ゼロックスの全額出資子会社である韓国富士ゼロックスが大月、良好な労使関係を築いたとして韓国の大統領賞「労使協調経営」を受賞した。同社は一九九八年に韓国企業との合弁を解消して以来、従業員への経営情報を大公開など先進的に進め、今後には労組が無紛争宣言を行うなど、韓国で労使協調を実現している。

韓国の労働界は労使関係が良好な企業約八十社に「新労

透明性重視が評価

使文化大賞」を授与した。この政情報を大公開したことで労使のうち特に深刻な大企業間の労働紛争が増し、今年は交渉なしで賃上げが決まった。韓国富士ゼロックスは、大学電子やサムスン石油化学などを抑えて大企業部門で選ばれた。

韓国富士ゼロックスの杉杉哲夫社長は「経営の透明性を最重視して、幹部や社員に結

一社と中小企業一社が大統領賞授与された。韓国富士ゼロックスは、大学電子やサムスン石油化学などを抑えて大企業部門で選ばれた。こうした点が評価されたのではないか」という。韓国では、労使関係が外資進出の最大の障害との見方もあり、同社の受賞は産業界でも話題になっている。

（ソウル＝玉置直司）

（日本経済新聞　2001年12月7日）

42

4.「強い、面白い、優しい会社」を作ろう…… 韓国富士ゼロックスの再建

④顧客満足度 No.1 を維持＝「強い会社」

　営業マンを徹底的に教育してセールスマンからマーケッターに変革、ダイレクトセール（直販）の強みを生かして韓国オフィス市場のデジタル化を牽引、韓国オフィスの生産性改善に貢献することができた。その結果、顧客満足度No.1（韓国能率協会）を維持し続けた。私は、"２番になってはいけない。No.1を継続しろ！"と叱咤激励し続けた。

⑤従業員満足度は年々改善＝「面白い会社」

従業員満足度は年々上昇、80％を越えた。

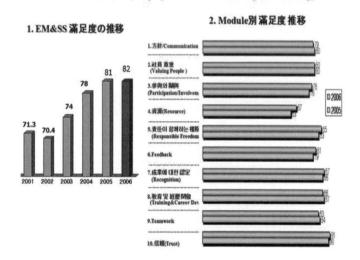

⑥地球環境保全、地域社会への貢献＝「優しい会社」

　CSR（企業の社会的責任）の観点から、地球環境保全のため産業廃棄物を出さず、回収することの仕組みづくりを構築。地域社会（コミュニティー）で市民の先頭に立って清掃活動を実践、身体障害者施設へのボランティア活動を継続的に実践するなど社会貢献活動を継続してきた。また、全社ISO14001認証取得、全経連１％加入。その結果、NGOの経済正義実践市民連合から「正しい外国企業賞」を２度授与された（2001年と2004年）。

⑦日中韓三国の強み活用する「日中韓垂直分業」……グローバル経営

　2000年に入り、日本のみならず多くの韓国企業が中国に工場をシ

4.「強い、面白い、優しい会社」を作ろう…… 韓国富士ゼロックスの再建

フトし、その結果国内の産業の空洞化が生じた。この時、サムスンの李健煕会長は「日中間サンドイッチ論」を展開し、警鐘を鳴らしたのが印象に残る。

我が富士ゼロックスも、日本の海老名工場や岩槻工場の生産部門を中国に移すから、韓国富士ゼロックスの仁川工場も閉鎖するようにと本社からの社命が下った。

私はこの時、本社のトップに"グローバル化と言うのは投資した国やマーケットの強みを自社のために活かすことである"と説いた。技術のデジタル化により、もの作りがコンポーネント化してきていた。

プリンター心臓部のIOTは日本の高技術、高品質でないとできない。韓国は日本には及ばないが「R&Dと生産の一体化力」をもち、中国に先行している。中国は安い生産コストの強みがある。

これら日中韓三国の強みを活用する「日中韓垂直分業」を富士ゼロックスグループの中で実現させた。即ち、デジタル複合機の高品質、高技術を要する中心部は日本富士ゼロックスが開発・生産し、ペーパートレイやフィニッシャーの周辺機器は「R&Dと生産の一体化力」をもつ韓国富士ゼロックスが 開発・生産し、それらを中国の富士ゼロックス深圳工場に送り、安い生産コストで組み立て、世界のマーケットに流通させる「日中韓の競争と共生のスキーム」を構築させたのだ。

その結果、韓国仁川工場で働く開発・生産部門の従業員（約250人）とベンダー（約70社）は仕事を失うことなく、また韓国の輸出貿易にも貢献でき、韓国社会から高い評価を得た。

このように五感機能を駆使しての相互コミュニケーションで経営の透明化を図り、良好な労使関係のモデルを作り、韓国富士ゼロックスを高収益体質の「強い、面白い、優しい会社」に変革させた。

45

そして、一企業の改革のみに終わらず、古い体質の韓国オフィス市場に近代マーケティング手法を取り入れ、デジタル化を推進し、韓国のオフィス生産性向上に貢献することが出来た。

⑧大統領産業褒章を授与

「日中韓の競争と共生のスキーム構築」で仁川工場の活性化を図り、韓国の産業空洞化阻止のモデルを示すなどして韓国経済の発展に貢献、「最優秀外国企業」の評価を得た。そして韓国富士ゼロックスを外国投資企業のモデル企業に再建した功績とソウルジャパンクラブ（SJC）理事長として日韓友好親善並びに経済発展のために貢献した功績を認められて、2006年3月15日の商工の日に韓国政府から大統領産業褒章を授与された。日本人駐在員としては初の受賞であると同時に最高の褒章であるとのことである。これらの業績は私一人の力ではなく、全社員の協力と貢献があったからに他ならない。

特に、この時期、日本の富士ゼロックスから派遣されていた中野ひろみ国内営業本部長、新保友二システム営業本部長、稲垣政昭生産・開発本部長、中井元臣国際事業本部長には、会社再建のために多大な貢献をしてもらった。心より感謝の意を表したい。

第33回商工の日記念式

丁世均・産業資源部長官(右)と握手する
髙杉暢也・前SJC理事長(中央)

4.「強い、面白い、優しい会社」を作ろう…… 韓国富士ゼロックスの再建

日韓の懸け橋「褒章」受章

フォーカス

韓国富士ゼロックス最高顧問

高杉　暢也氏

韓国政府から大統領産業褒章を先月受章した。韓国富士ゼロックスを外国投資企業のモデル企業に再建した実績と、日韓両国の友好親善に貢献したことが評価された。

「全くの門外漢」だった韓国に赴任したのは一九九八年。アジア通貨危機の影響で経済混乱の真っただ中。会社も経営に行き詰まっていた。四半期ごとの役員・部長合宿など日本的経営を導入。労使問題も現地社員との度重なる交流や現場訪問を通じ、レイオフや賃金カットなしで解決した。

会社再建の自信をもとに、二〇〇三年から三年連続でソウルジャパンクラブの理事長も務めた。昨年は国交正常化四十周年を記念した「日韓友情年」。政治的には竹島（韓国名は独島）の領有権問題などでぎくしゃくしたが、七百件以上の日韓交流イベントを実施した。日韓の懸け橋としての「民間大使」を自任。韓国人に耳の痛い話もする。大統領直属の国民経済諮問委員として「韓国は中小企業が育っていないのが弱み」と直言したことも。「韓国人は気性が激しいけど、まともなことを言えば耳を傾ける」。韓国に駐在中は様々な形で「日韓のつながりを追い続ける」つもりだ。

（たかすぎ・のぶや＝63歳）

（ソウル＝池田元博）

（日本経済新聞　2006年4月12日、夕刊）

5. 盧武鉉大統領の経済政策……「東北アジア中心国家建設」

　グローバル化、IT化の大波が押し寄せる中、変革を求めた韓国は若い世代を中心に、金も組織もしがらみもない庶民派盧武鉉氏を21世紀最初の大統領に選んだ。盧武鉉大統領は「改革と統合を基本に国民とともに歩む民主主義」、「ともに生きる均衡発展社会」、「平和と繁栄の東北アジア時代を切り開いていく」の3つの国政目標と12大国政重要課題を発表した。12大国政重要課題の中では唯一の経済政策である「東北アジア中心国家建設」が最重要課題と位置付けられていた。

　この「東北アジア中心国家建設」に示された経済ハブ構想は、具体的には①ファイナンシャルセンター、②ロジスティックスセンター、③R&Dセンターの三つの建設を目指し、もって韓国の経済を発展させたいという願望があった。この三つのセンターの実現可能性について私なりのコメントを付け加えておく。

●ファイナンシャルセンターは香港、シンガポールと比較すると、イメージ的に見劣りする観は否めない。韓国通貨のウォンも国際通貨とは云えない。加えて、香港、シンガポールに比べると英語力一つとっても今一歩である。一方、IT のインフラは優れているものの実現性は難しい。

●ロジステックセンターは地政学的上、中国と日本の間に位置しているので一番実現可能性が高い。韓国は仁川地区と光陽地区とそれから釜山・鎮海地区に自由経済特区を推進中である。特区として自立するために何をするかが大事で、単なるシッピングとかトランスポーテーションだけでなく、韓国が強みとする付加価値を

5．盧武鉉大統領の経済政策……「東北アジア中心国家建設」

つけることが大切だ。因みに付加価値をつけるという意味は、た
とえば中国で獲った魚介類を単に輸出するのではなく、釜山新港
で加工したり、缶詰にしたりして、日本やロシアに送り込むとい
うようなアクションをとることである。地政学的優位性からこの
センター構想は成功率が高い。

● R&Dセンターは魅力がある。韓国の強みは何かといえばそれは
「R&Dと生産の一体化」である。従って、最も注力を注ぐべき政
策なのだ。ものづくりはR&Dと生産の一体化力が必要となる。
生産コストは中国が安い。生産コストだけなら中国の生産拠点の
優位性は揺るがない。しかしものづくりはR&Dと生産のトータ
ルコストで見るべきである。韓国のものづくり力は日本と中国の
中間点に存在する。

49

6. ソウルジャパンクラブ（SJC）理事長と社外活動……米国商工会議所・欧州商工会議所と並ぶ３大メジャー商工会議所に

　会社経営の傍ら駐韓日本人組織「ソウル　ジャパンクラブ（SJC）」の活動に携わってきた。会社再建を成し遂げ「最優秀外国企業」の冠をいただくとメンバーからの推挙を得て、2003年度、くしくも盧武鉉大統領誕生の年に理事長に就任した。理事長任期は原則１年ではあったもののその原則を破り、以後３年連続で務めることになった。

　理事長の役割としては、会員相互の親睦、啓発、福祉、安全の向上の推進は勿論のこと、韓国における日本企業の商工会議所の代表として経済のみならず、文化など多方面において韓国政府や企業との友好親善をはかることが求められるのである。加えて、欧米の外国企業との友好親善も求められる。
　従って、理事長方針として次の3つを掲げた。
① 全会員の安全保護、親睦活動の SJC
② 日韓友好親善のための SJC
③ グローバル化の中の SJC
　特に、③グローバル化の中のSJC に重きを置き、これまでプレゼンスの低かったSJCを米国商工会議所およびEU（欧州）商工会議所に匹敵するレベルにまで高めることを目標とした。
　これには訳がある。
外国企業誘致を政策に掲げた金大中大統領は、春と秋に外国企業代表を青瓦台に招いて懇親会を開催した。招かれた我々日本人もスピーチを求められるのだが、常に欧米企業の後塵を拝することになる。また、大統領を囲んでの記念の集合写真は、翌日の新聞に掲載されるのだが、欧米人が写っている部分だけが載り、同じ外国人なのに

日本人の写っている部分は載っていないのである。（往々にして日本人はシャイで写真撮影の際、隅の方に行きがちではあるが）。顔かたちが似ているから区別がつきにくいとはいえ、これらのことは差別化と思わざるを得ない。韓国に投資をする国別順位は日本が米国に次いで2番目であるにもかかわらずである。ある時このことにクレームをつけたところ、スピーチを米国に次いで2番目に格上げしてくれた。この国では何ごとにも自己主張をすることが大事なのだ。SJCのレベルアップのために正論を吐き続けた。

（1）盧武鉉大統領訪日随行

盧武鉉大統領が誕生すると、彼の最初の公式外国訪問国が日本と決まった。韓国政府からSJC理事長として公式随行の依頼を受けた。この時の随行記（2003.6.19記）を下記に紹介させていただこう。

①大統領の訪日目的

この度の大統領の訪日目的は①新たな対日外交推進の基盤構築、②韓半島の平和・安定のための日韓協力強化、③平和・繁栄の北東アジア時代を実現するための日韓協力基盤強化、④在日韓国人社会の健全な発展のための支援と激励とされています。

特に項目③に関しては、経済項目と位置づけられ、日韓の経済・通商関係の協力強化、10大アジェンダの1つである「東北アジア経済中心構想」に対する日本への協力呼びかけがその目的とされています。

このため全経連の孫吉丞会長、大韓国商工会議所の朴容晟会長、韓国貿易協会の金在哲会長、中小企業協同組合中央会の金栄洙会長、韓国経営者総協会の金昌星会長の経済5団体長に韓日経済協会の金相廈会長、PBEC趙錫来会長、全経連の玄明官副会長の3代表と、

加えてSJC理事長も招聘され計9人が随行の要請を受けたのです。

② SJC 理事長随行の準備…… 日韓 FTA 早期促進を献言

　大統領訪日随行の背景を考えた時、私はSJC理事長として"SJCの本年度方針である「日韓友好親善と日韓FTA早期促進」のために積極的に参加すべきだ"と決意し準備をはじめました。

　先ず、6月中旬に提出予定の産業資源部宛て「事業環境改善に向けたSJC建議事項」を大統領訪日前に提言すべきと考え産業資源部と折衝し、急遽5月30日に変更し、インターコンチネンタルホテルで「尹鎮植産業資源部長官との懇談会」として尹長官に日韓FTA早期促進を申し立てました。

③尹鎮植産業資源部長官主催の日本投資家午餐会

　東京でのスケジュールでは、上記の韓国側経済団体長各氏と共に行動をすることになりました。お陰さまで初面識の孫吉丞全経連会長をはじめ皆さんにとても親切にしていただき、親しくなることが出来ました。

　訪日一日目の7日（土）の午前12時30分から、尹鎮植産業資源部長官主催の日本投資家午餐会がニューオータニホテルで開催されました。韓国に投資をしている代表的な日本企業のCEOが招待され、昼食をはさんで数社のCEOから隘路問題や現状の説明などがありました。この場においても尹長官にとっては大統領訪日前に早めた5月30日のSJCとの懇談会が有益であったのではないかと思われます。

　その後、バスで迎賓館に移動して、大統領との懇談会が開催されました。大統領が「忌憚のない意見や質問をお願いします」と笑顔で挨拶されたことに促されたのか、日本人経営者側からは「韓国は

これからはもっとブロードバンドのソフトウエアーを育成させなくてはいけない」との建設的なコメントや「中国と比較し韓国に投資をするメリットは何ですか」と大統領が即答できないような質問も続出、1時間の予定時間はあっという間に終わりました。

④小泉総理主催の晩餐会……2人のコードは合っていた

　その夜は、7時から外務省飯倉公館にて小泉総理主催の晩餐会に招待されました。日韓両国に貢献のあった政治家、経済人、学者、文化人、芸能人など200名近い人々が参席しました。そこには中曽根元総理や宮沢元総理などの元老から各党の党首、大相撲の春日王、韓国の歌手ながら日本で人気の高いBOAなど老若男女、幅広い各界からの代表の顔を見ることが出来ました。食事と談話を堪能した後のアトラクションで、木村弓さんの日本ではまだ珍しいゲルトナー・ライアー（竪琴）を奏でながらの「千と千尋の神隠し」の弾き語りやBOAの歌をもじっくり楽しむことが出来ました。アトラクションも印象的でしたが何よりも印象深かったことは、小泉総理大臣と盧武鉉大統領が膝を交えて話し込み、司会者の中締めの挨拶にも気が付かない程親しく懇談されていた姿でした。盧武鉉流に言えばそのくらい2人はコードが合っていたように見えました。

⑤経団連会館での会議……「日韓FTA」への日韓の温度差

　翌8日（日）の11時30分から経団連会館で日韓経済団体長による「日韓関係の一層の緊密化に向けた両国経済界の決意書」の打ち合わせ会が開催されました。そこには「両国がさらに戦略的連携を推進し、韓国の推進する“「東北アジアビジネスハブ建設構想」と日本経済界が目指す「東アジア自由経済圏構想」の実現に協力し、この実現のために両国首脳には、包括的な日韓FTAの早期締結に向

けた政府間交渉ができるだけ早い時期に開始されるようリーダーシップを発揮していただきたい"と言う主旨が盛り込まれました。そして12時30分から日韓経済団体長が盧武鉉大統領に謁見し、決意書を手渡しました。日韓FTAの早期締結と言う思いは両国経済界代表の間に異論はないようでしたが、政府間交渉の開始時期については「年内」と言う日本と「できるだけ早い時期」と言う韓国に多少の意見の違いを見せました。

⑥両国経済団体共同主催の午餐会…… 日本資本主義の開祖・石田
  梅岩の言葉

　その後、13時から経団連会館国際会議室で両国経済団体共同主催の午餐会が開催されました。奥田碩経済連会長の歓迎挨拶に続いて盧武鉉大統領の挨拶がありました。
「東北アジア経済中心構想」や「信頼と協力の労使文化」を1，2年以内に定着させると熱っぽく語った後、日本資本主義の開祖である石田梅岩の言葉「真の商人は相手と自身、皆が良くなることを考えなければならない」を引用して日韓FTAが早期に政府間交渉に入ることを期待すると挨拶されました。余り耳にしたことのない石田梅岩の言葉を突然引用したものですから、会場の多くの経済人が驚いていました。
　更に、私自身が大変驚き、また光栄に感じたことは挨拶の中で「今回、ソウルの日本人会（SJC）の高杉暢也理事長を同伴しました。また、高杉暢也理事長を憲法上の大統領諮問機関である国民経済諮問会議の委員に委嘱しました」と紹介されたことです。
　この意味は"韓国に進出した日本企業を外国企業でなく、韓国企業とみなし、愛情と関心をもって支援する"と言うまさに大統領の「未来志向の日韓関係」構築の配慮だと感じました。食事の後、質疑応答の時間に東芝の西室泰三会長と東レの平井克彦副会長から代

54

表質問があり、大統領も懇切丁寧に答えられていました。

⑦マスコミの評価

大統領訪日出発前の韓国の新聞各紙は「初の戦後大統領訪日で日韓新時代」と囃したてました。大統領も「これまでの韓国の強硬発言が日本の世論を柔軟にしたことはなく、いつも日本の強硬派の立場を強めた」として、歴代大統領とは対照的に「未来志向の日韓関係」をアピールして訪日されました。

日本では（日本駐在の）外国人を（その国の）セールス外交に活用することは全く例のないことで、この度の盧武鉉大統領の訪日決断はグローバル化時代に足早に対応した外交スタイルだと思います。また、日本国民との対話や日本の財界人との昼食会で見られた大

ひと

日本人として初めて
韓国大統領訪日に同行

高杉暢也さん

**日韓は補完しあえる
競争から協調へ転換を**

山梨県出身。早稲田大学政経学部卒。68年富士ゼロックス入社。98年から現職。60歳。

（毎日新聞　2003年6月6日）

統領の情熱的で率直な行動は日本人に深い信頼感を与え、日本国内にはっきりと『盧武鉉効果』が出ていると確信しています。

ところがソウルに戻ってみて、韓国メディアの盧武鉉大統領が親日になったのではないかという論調には驚きを隠せませんでした。

盧武鉉大統領が若さと英知でグローバル化時代の「未来志向の日韓関係」構築にエネルギッシュに行動されている様を実感したこの度の随行でした。

以上が随行記からの抜粋である。

● 大統領国民経済諮問会議（委員会）委員任命

盧武鉉大統領が日本からの公式訪問を終えると約束通り、SJC理事長を大統領国民経済諮問会議（委員会）のメンバーに加えた。この委員会は盧武鉉大統領が国の活性化のために内外の有識者30名を集めて定期的に開催した会議体である。外国人投資企業の代表として米国商工会議所会長、EU（欧州）商工会議所会長およびソウルジャパンクラブ（SJC）理事長の3名がメンバーに加えられた。そして外国人の立場からコメントや意見を求められた。

（2）盧武鉉大統領国民経済諮問委員会委員としてのコメント

3年間の私のコメントのサマリーを次に紹介させていただく。(詳細は巻末に収録した添付資料を参照されたい)

①「東北アジア経済中心構想」実現の為に「国のイメージ」を変えるべきである

- 「開発と生産の一体化したもの作り」の強いイメージをアピールする必要がある。
- 「品質国家 – 韓国」のイメージ作り。
- 労使紛争イメージの払拭。

②外国投資誘致政策について

「個人所得を1万ドルから2万ドルへ」のスローガンも掲げられたので外国人企業家の立場からファンダメンタルな政策、即ち「外国投資誘致政策」についてコメントした。外国人投資を誘致するためには他国との差別化された投資誘致政策と魅力的な租税などの制度改善が必要であることを献言した。

③韓国経済の二極化現象解決のヒント

　二極化現象は以下のようなものである。
- 輸出は好調の反面、民間消費と設備投資は極めて不振という輸出・内需の二極化
- 輸出・内需の二極化でもたらされる産業および企業間の二極化
- 雇用および所得の二極化
- 都市と地方の二極化

　経済・産業・企業の3構造調整の成否をレビューし、経済の二極化を解決するヒントを述べた。

④「外国人CEOから見た韓国の競争力」

「北東アジアのR&Dセンター」を目指すうえで、部品・素材産業を今後どう強くするかということが鍵。従って、部品素材を扱う中小企業をどう育成するか早急にアクションをとるべき。このために

(前列左から) W. Oberlin 米国商工会議所会長、F. Hampsink 欧州商工会議所会長
(後列左から) 越澗済大統領経済補佐官、筆者

も「日韓FTA」の早期締結は焦眉の急であることを提言した。

⑤三大外国商工会議所共同の建議事項

　特に、ソウルジャパンクラブ（SJC）を 米国商工会議所、EU（欧州）商工会議所に匹敵する商工会議所にするべく彼らとコミュニケーションを密にする努力をしてきた。その結果、外国人企業のかかえる共通の隘路事項を三商工会議所共同で大統領に建議することができた。そのサマリーを下記に記す。

National Economic Advisory Committee (NEAC)
by AMCHAM Korea, Eucck & Seoul Japan club

＜リコメンデーション＞
1．米韓 BIT（相互投資協定）の成功的締結
2．日本、中国、アセアン地域の主要な貿易パートナーとの FTA 協議、推進
3．韓国内経済の強力推進
4．国内外の投資家のためのビジネス環境創造
5．労働柔軟性への改善
6．選挙運動の不正な資金提供調達の可及的迅速な終了
7．年2〜3％インフレの維持
8．コーポレイトガバナンス、労働市場、金融市場での構造継続
9．韓国の所有と支配の透明化
10．自由経済地域でのファイナンスインベスター、ファンドマネジャー、個人投資家などの外国人投資家へ税額控除（7年免除と3年50％）の適用
11．投資家保護強化
12．責任ある労働法の策定により韓国のイメージアップを図る
13．北の核脅威を平和的解決により米朝関係改善
14．韓国のイメージアップ海外広報を推進

　上記大統領への提言の内①「東北アジア経済中心構想」実現の為に「国のイメージ」を変えるべきであるについては提言の原文を以下に記すことにする。

（3）「東北アジア経済中心構想」実現の為に「国のイメージ」を変えるべきである

　この「東北アジア経済中心構想」実現のために5年間の韓国での経営実践経験を踏まえ、韓国が次の3つの観点から「国のイメージ」を変えるべきであると提言いたします。

1つめは、韓国は更に「開発と生産の一体化したもの作り」の強いイメージをアピールすべきである。

韓国の強みの1つは「開発と生産の一体化したもの作り」にある。

そのためにも中長期的観点に立ちよりR&Dに投資をすべきである。韓国産業技術振興協会の報告によると下表に示すように「過去30年、韓国のR&D投資額は主要先進国を上回る年平均22.4％の増加となった。しかし、2005年度韓国のR&D投資額は194億ドルで日本の規模1353億ドルの14％にしかすぎない」。また、韓国のR&D投資上位10社（サムスン電子、ＬＧ電子、現代自動車など）の合計額は日本のトヨタ一社に及ばない状況である。

従って、政府は旧態依然の如く業種と企業を指定して資金を支援するやり方でなく（1）国民にもの作りの大切さを教育・啓蒙して意識を変える必要がある。そして（2）研究開発の重要性を認識させることが大切で、具体的には企業の設備投資や研究開発投資に対するインセンティブや税制支援の拡大を図るなどして啓蒙すべきだ。

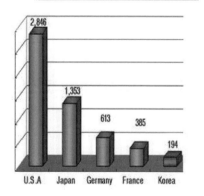
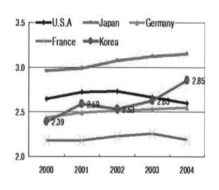

さらに（3）法・制度などのハードウエア―第一の構造改革から各経済主体の意識や慣行の改善などのようなきめの細かいソフトウエア―改革にもっと力を入れるべきである。

韓国と日本のR&D投資上位10社の比較

Rank	Korea		Japan	
	Company	R&D (100MW)	Company	R&D (100MW)
1	三星電子	29,994	トヨタ自動車	68,220
2	LG電子	10,033	松下電器産業	57,920
3	現代自動車	7,824	パイオニア	51,500
4	ハイニックス半導体	3,554	ソニー	51,450
5	GM　Daewoo	2,269	ホンダ	44,890
6	三星SDI	2,141	日立製作所	37,180
7	起亞自動車	2,007	日産自動車	35,430
8	POSCO	2,001	東芝	33,670
9	KT	1,901	キャノン	25,910
10	SK Telecom	1,722	NEC	25,670

韓国産業技術振興協会,2004年(為替は100円=1,000Won)

これについての韓国のリアクションについては後述（72-73頁参照）する。

　２つめの提言は「品質国家－韓国」のイメージ作りである。過去に橋が落ちたとか、デパートが崩れたとか、最近の地下鉄惨事のような品質工学問題や現代グループの北朝鮮開発に対する政府支援や政経癒着事件のような政治問題、またＳＫグローバルの１兆５千億ウォンに上る粉飾会計事件のような経営問題など、品質がらみの暗いイメージは残念ながら枚挙にいとまがない。このイメージを変えるためには、企業人は品質経営、政治人は品質政治、公務員は品質行政を推進して、国民自らが「品質国家韓国」のイメージ作りをしなくてはならない。

　歴史学的にみると、韓国では今から約750年前、高麗高宗の時代

韓国民族の品質精神の源泉
世界初めて、Zero Defectsを実現した八万大蔵経 :「一字三拝」

UNESCO指定の世界遺産である八万大蔵経は高麗高宗の時代に、1237年から1248年まで、12年間、1,000名余りの刻手が、5200万字を81,258経に経板に刻印した作品だ。最近、これを電算化してみて、一字の誤字も脱字もなかったことが明らかになった。この驚くべき品質結果は「一字三拝」(一文字を刻んで、お辞儀を三回する)の精神からきている。
最初は外部の侵略から祖国のために、二番目は家族のために、最後は自分のために切なる願いを込めて、誠を尽くしていた。

に「八万大蔵経」を作った事実がある。これは1000名あまりの刻手が5200万字を81340経の経版に刻印した巨大な経典で、世界初といわれるグーテンベルグの印刷技術より早いと言われている。ところが最近これをコンピューター化してみたところ, 漢字の誤字も脱字も全くなかった事が明らかになった。この驚くべき品質は「一字三拝」(一文字を刻んでお辞儀を三回した)の精神から来るということだ。この様に韓国の先祖は世界初の完全品質を成し遂げた実績を持っているのだ。真に誇るべき事実である。

　3つめの提言は労使問題イメージの払拭である。労使問題は基本的には政治問題ではなく経営問題といえる。即ち、経営者が経営を透明にして、労使の信頼関係を構築することにより解決する問題だ。韓国の経営の特徴は財閥経営にある。財閥経営が「漢江の奇跡」と称される韓国の経済発展をもたらしたことに異論はない。しかし、財閥経営は所有と経営の未分離が欠点であろう。財閥経営において

も労使紛争のない企業もあるが、所有と経営が未分離のため経営が不透明になりがちである。

　私は1998年春、韓国富士ゼロックスを再建するために赴任した。専門経営者として自分の五感機能を駆使して社内のコミュニケーションを円滑にして経営の透明化を図ってきた。3年後、労使の信頼が高まり労働組合は無紛争宣言をした。爾来、この3年間賃金交渉の場である春闘は無交渉で賃金が決定している。成功の鍵は経営の透明化と労使の信頼関係の構築にある。

　韓国の労働者は良質であるから、経営の透明化と労使の信頼関係の構築により労使問題は払拭できると確信している。然しながら，今日現在も労使紛争が後を絶たないのが現実である。外国からの投資を誘致するためにも、投資環境の整備の一環として『法と原則』を基本としつつ、政府の適切な対応が期待される。

再三再四機会あるごと大統領あてに提言してきた「日韓FTA」の早期締結は、韓国のマスコミ（テレビや新聞、週刊誌）でも取り上げられるようになってきた。週刊誌「ECONOMIST」に掲載された記事を下記に紹介してみよう。

（４）「日韓FTAは東北アジアハブ構築を可能にする」
　　……韓国の週刊誌にカバーストリー掲載された初の日本人駐在員

6．ソウルジャパンクラブ（SJC）理事長と社外活動

　21世紀はアジアの世紀といわれている。そして現在、世界貿易全体の70％が自由貿易協定（FTA）加盟国間で行われている。日本も韓国も輸出立国として生き残りの為に他国とのFTA締結は必須条件となってきている。就中、日韓両国政府は、日韓FTAが単なる関税撤廃などのFTAではなく人、物、技術、情報などの交流や認証制度の共通化を包括する高度な経済連携（EPA）である事を目指している。

　日韓両国は、産業構造が似ている、中間所得層が多い、教育水準が高い、都市化が進んでいるなど共通点が多い。一方、両国には2～3倍の賃金格差、9倍の経済規模差、技術力・品質力の差があると言われている。日本は人口の高齢化・少数化傾向、生産設備の老朽化現象、そして多少明るさは見えるものの、消費減退とデフレで長期的に経済低迷が続いている状態にある。韓国は消費力が高く、競争刺激にあふれ、成長活力に満ち溢れている。生産設備は比較的新しく、労働力年齢でも20年程度の余裕もある。このように両国がその強み，弱みを持っているわけだが、相互に補完しあいながら1つの市場を作ることにより、人口で1億7千万人、経済規模で米国の3分の2に匹敵する5兆ドルの市場ができると言われている。

　このことにより1）韓国企業、製品の日本市場への浸透、2）韓国の持つバイタリティーにより日本の国内改革が期待でき、両国の活性化に繋がる。そして3）両国人的交流が飛躍的に活発化し、4）日韓企業間の戦略的提携の可能性が生まれる。さらに副次的効果として5）アジア進出を考える欧米企業にとって魅力的な市場となり、外国資本投資が見込まれる。

　日韓両国とも東アジア・ビジネスハブ構想を持っているが、日・韓FTA締結が大きな鍵になると思う。欧州のEU，アメリカのN

65

AFTAなどの世界経済地域ブロック化動向並びに中国の台頭を念頭におけば両国のFTA締結は焦眉の急であると考える。中長期的観点から順序として、中国との経済協力は保ちながらも日・中・韓FTAは時期尚早で、まず日韓FTAが締結されることが望ましい。

●未実現に終わった「日韓経済連携共同検討会」

ここで日韓FTAに関して未実現に終わった「日韓経済連携共同検討会」の苦労話を紹介してみたい。

盧武鉉大統領訪日の後、10月開催の日韓首脳会談で「両国政府が今年中にFTA締結交渉を開始し、2005年内に実質的に交渉を修了することを目標とすること」で意見の一致をみていた。しかし、双方の意見がかみ合わず交渉は膠着状態が続いた。

2005年7月に「日本活性化のための経済連携を推進する国民会議」が「日韓経済連携共同検討会」開催の提案を行った。その趣旨は「次世代に続く経済連携協定を締結することで、日韓両国が如何に経済的利益を共有してイコールパートナーシップを築き、東アジア経済圏構築に関与していくべきかと言うビジョンの共有を目指す」という趣旨で、日本側は伊藤元重東京大学教授、奥田経団連会長、瀬戸日韓経済協会会長、宮田農協（ＪＡ）会長などの各氏をメンバーに挙げていた。事務局の野村総研から私宛、"韓国側のカウンターパートナーを推薦してほしい"との依頼があった。私は姜信浩全経連会長に相談して、日本と相対するように金都亭啓明大学教授、趙錫来韓日経済協会会長などの各氏のほか主要メンバーを候補に挙げ準備を整えた。ところがである、その年の11月に小泉首相が靖国神社参拝を行ったことにより、すべてが中断して水の泡と化してしまったのである。

（日韓FTAについての顛末は104頁に後述する）

「外国人企業投資」を馬の念仏のように唱えるだけで終わっている感がある。もっと韓国の強み（比較優位差別点）をアピールしたらどうかというのが下記の提言である。

（5）投資誘致には韓国の比較優位差別点をもっと強調すべき

　ソウル・ジャパンクラブ（SJC）の韓国政府宛て「韓国におけるビジネス隘路事項」建議に際して、JETROが駐韓日系企業に実施した「日韓FTAに関するアンケート」調査結果（回答社数149社、回答率50％）は、日系企業のFTAに対する考え方を示すものとして興味深い。大統領は、投資誘致には韓国の比較優位差別点をもっと強調すべきと考える。

　日本企業が韓国へ投資を躊躇するのは、反日的な国民感情も災いしているが、基本的に日韓の産業構造が類似しているところにある。即ち、自動車産業、家電産業、造船産業などの日本のメーカーは、韓国に同業メーカーが存在するために韓国には投資をしない。従って、その傘下にあるベンダーも投資をしない。日本のもう一つの産業構造の特徴は、メーカーを中心とする下請けベンダー・ピラミッド構造にある。メーカーは生産条件の有利な国に投資をすると、必ず傘下にある下請けベンダーにも投資を呼びかける。中国への投資が増加する理由はここにある。
　JETROのデータによれば、在中国や在アセアン日系企業と比較して韓国は次のような比較優位の差別点がある。（2003年度）

①収益状況
　在中国や在アセアン日系企業と比較して相対的に営業利益の黒字

企業比率が高い。
（韓国84.2％，中国74.4％、アセアン70.9％）

②現地調達率

　在中国や在アセアン日系企業と比較して現地調達率は高い。
（韓国52.9％，中国45.1％、アセアン38.6％）

③現地ベンダー企業に対する満足度

　在中国や在アセアン日系企業と比較して品質、納期面で高い満足
度、コストの面では劣る。
（品質：韓国32.3％，中国8.8％、アセアン21.9％）
（納期：韓国67.7％，中国55.7％、アセアン61.9％）
（コスト：韓国51.6％，中国59.0％、アセアン46.7％）

④直接輸出比率

　在韓日系企業の直接輸出比率は低い。言い換えれば、韓国は輸出
指向型から内需指向型の対先進国型投資にシフトしている。しかし、
素材・部品分野では韓国の輸出増加に間接的に大きく貢献している。
（韓国12.0％，中国45.8％、アセアン51.1％）

⑤今後の競争力強化策

　在韓日系企業の特徴は（1）製品企画力強化、（2）R&D強化、（3）
マーケティング強化におかれている。在中国および在アセアン日系
企業はともにまだ、人材育成、生産品の高付加価値化、現地調達率
の引き下げに重きがおかれている。

東亜日報のインタビューに際しての下記の私のコメントは韓国人
社会へはかなり強烈なインパクトを与えたようだ。

（6）政府は "外資誘致"、組合では "外国企業、出て行け" ……"何をやっているのか、この国は……"（東亜日報　2004.8.16）

　政府は "一人当たり国民所得２万ドルの達成のために外資投資を
誘致しなければならない" と言いながら、一方では、労働組合は
"外資系企業は出て行け" と言う。この国は一体何をやっているの
かと感じる。

　駐韓日本企業の集まりであるSJCの理事長・高杉暢也・韓国富士
ゼロックス会長。彼は13日、ソウル中区偵洞にある韓国富士ゼロッ
クス会長室でのインタービューでこのように強調した。SJCは最近、
李熙範産業資源部大臣との懇談会で労使紛糾など外国人投資環境と
関連して、韓国政府に'苦言'を呈して注目を浴びた。

　―韓国政府に'苦言'をした背景は
"私は大統領国民経済政策諮問会議の諮問委員として、いろいろ提
案をしている。特に、関心を持っているのが、東北アジア経済ハブ
の実現だ。これのためには外国人投資がもっとも大事だ。我らSJC
が建議するのも韓国経済発展に役に立ちたいからだ。大統領は外資
投資のためいろいろな政策を打ち出している。しかし、LG Galtax
のストなどに見られるように労使紛争は増加し、一部韓国民は外資
投資反対方向へ行っている。このことは理解できないことだ"。

　―労使問題に関して、韓国政府の政策に問題はないと思うか
"労使問題は基本的に政治の問題ではなく、経営の問題だ。各会社
が経営を透明にして、自ら解決すべき問題である。ただ、政府は労
使問題においては中立的でなければならない。会社や組合に一方に

傾かず、原則を守らなければならない"。

　ー最近、韓国では反企業情緒に対する心配も少なくないが
"韓国は平等主義意識が強い。政府の中でも成長と分配の優先順位
を巡った論争がある。しかし、現段階では企業を通じて成長するの
が何より重要なことだ。企業を通じて成長するためには成長の論理
を忠実に実行しなければならない"。

　ー韓国の景気低迷に対する考えは
"日本は'失った10年'にも技術蓄積と品質改善を続けてきた。これ
が日本を支えてきた力だ。世界３位のトヨタ自動車は年間利益が1
兆円水準になっても給料は引上げなかった。替わりに、これを研究
開発に投資している。反面、韓国はサムソン電子を含んだ上位10カ
社のR&D投資額を合わせても、その規模はトヨタ一社にも及ばな
い。また、一般的に汗を流して、もの作りに働く仕事は卑しいと思
っている雰囲気を変える様に啓蒙して行かねばならない"。

　閣僚会議にのり込んで「中古複写機不法輸入関連制度」の改善を
要求した。

（7）閣僚会議に出席した初の日本駐在員

　関係長官（大臣）対策会議「規制改革委員会」……「中古複写機
不法輸入関連制度改善」を提言した。

　盧武鉉大統領が弾劾を受け、高建国務総理が大統領代行を務めた
2004年4月30日、関係長官（大臣）対策会議「規制改革委員会」が
開催され、日本人として「中古複写機不法輸入関連制度改善」を

70

要求した。ここには 高建国務総理大統領代行をはじめ産業資源部、国防、農林、国務調査、関税庁などから10人の長官が列席された会議であった。

　韓国富士ゼロックス会長の立場と言うよりソウルジャパンクラブ理事長としての立場で要求した内容は次のようなものだった。

　韓国富士ゼロックス、ロッテキャノン、シンドウリコーが外国人投資企業として韓国で複写機を製造、販売、輸出しているが、不法輸入中古機の氾濫で販売需要萎縮など企業経営に支障をきたしている。

　問題点は①安全取引証を修得していない不法輸入中古機が多量に搬入、流通され、消費者の安全を脅かしている。② 不法輸入中古機は陰性に取引する場合が多いため、税金の脱漏が疑わしく、市場の秩序をみだしている。③国内複写機産業の事業基盤を弱体化させ、雇用減少の問題を起こしている。④このような問題が長く持続すると、投資意欲が低下され、国際競争力を失う恐れがある。以上のことを踏まえて、実効性が十分でない事後管理制度よりも、最も現実的な対策として複写機を「税関長確認対象品目」に指定するよう請願した。

　産業資源部からのコメントは "①WTO体制下で輸入規制による解決方法は可能でない。即ち、GATT規制の違反など国際貿易紛争の可能性がある。②業界の要求通り税関長確認対象品目の指定が最善の対策であるので、関税庁で積極的に受け入れるべきである。③事後管理機能を強化して、ある期間（6〜12か月）の推移を検討した後、改善されていない場合は、関税庁で第②の方案を受容するようにすべきである。" として我々事務機業界の後ろ盾をしてくれた。

一方、関税庁は"①規制緩和のために税関長確認対象項目を持続的に減らしてきている。また、規制改革委員会も現在4810個の確認品目を4000個に減らすよう要求している。②複写機を税関長確認対象品目に再指定する場合、既に解除された品目も再指定を要求する恐れがある。"③主務部署である産業資源部が事後管理による解決すべき問題だと主張した。

　この結果、規制改革委員会は"①規制緩和のため税関長確認対象品目を4000個に減らすよう要求している。②従って、複写機の税関長確認大将品目への再指定については、基本的に関税庁の意見に同意し、事後管理を通じて解決するように勧める"との仲裁案を提示した。

　所謂、足して2で割る妥協案である。私は不満であったが日本人という立場もあり承服するしかなかった。残念なことに今日現在同じ問題が引き続き起こっている。

（8）R&D 投資と統計錯視に酔う韓国

　2005年9月に大統領に韓国のR&D投資が少ないとプレゼンしたがそれに呼応するかのようにその11月に下記のような新聞記事が発表された。

①サムスン・2010 年まで R&D 投資に 47 兆ウォン

"サムスンが未来の成長潜在力を拡充するため、2010年までの5年間に半導体、ディスプレー、移動体通信などの先端産業のR&D（研究開発）に47兆5000億ウォンを投資、来年から毎年6000人、5年間で3万人のR&D人材を新規に確保すると発表した。"

5年間に47兆5000億ウォンのR&D（研究開発）投資は韓国企業としては空前絶後の規模であり、世界的にみてもトップクラスにランクされる。特に今回の規模は2001年から今年までのR&D投資額24兆ウォンのおよそ2倍であり、業界では「驚くべき規模」と受け止められた。特に、2010年の投資額は11兆ウォンを超え、これはIBMやマイクロソフトに匹敵する。この時期、日本は失われた20年の真っ只中、日立、パナソニック、東芝など有力な電機企業のR&D費の合計はサムスンのそれにはるかに及ばない規模であった。

　しかし、サムスンのマネジメント方針を考えると驚くことではなかった。サムスンの李健煕会長は常日頃「女房と畳以外は外から買ってこい」と言って憚らない人物だった。サムスンにはR&D調達部というセクションがあり、技術や技術者は外から買ってくるということが流儀であった。47兆5000億ウォンの大半は技術や技術者を外から買ってくることに投資されるからだ。日本のように自社技術を育てるカルチャーが薄いからだ。

　併せて次の2017年3月8日付中央日報の記事も韓国のR&Dの実情を理解するうえで興味深い。

②R&D投資世界1位、統計錯視に酔った韓国

　"「韓国は国内総生産（GDP）比で最も多くの研究開発（R&D）投資をする国だ」。
　昨年12月に未来創造科学部が出した資料の一部だ。2015年基準で韓国の総研究開発費は65兆9594億（583億ドル）だった。絶対額で言えば世界6位、国内総生産（GDP）で考えると1位（4.23%）となった。

稼いだ額に比べ世界で最も多くの金額を研究開発に投資しているという意味だ。この調査は経済協力開発機構（OECD）の調査ガイドラインにより全国5万6000機関を対象にした結果で毎年末に発表される。2014年にも韓国はほとんど同じ成績表を受けた。ところが中身を確かめるとこの調査は現実をしっかりと示していないという指摘が出た。

　韓国経済研究院は6日、R&Dを多くする主要国の50大企業を選定し、これら企業の売上額比投資率（投資集約度）を調査した。「韓国R&D活動と租税支援制度の問題点」と題された報告書によると韓国50大企業の投資集約度は3％で、米国（8.5％）や日本（5.0％）、ドイツ（4.3％）などR&D先進国の50大企業より大きく遅れを取っていたことがわかった。韓国50大企業の平均投資金額は5億2000万ドルで、米国（39億3520万ドル）の8分の1にすぎなかった。日本（16億1760万ドル）と比較しても3分の1、ドイツ（11億6380万ドル）と比べても半分程度にとどまった。韓国経済研究院が調査対象とした国は1人当たり国民所得2万ドル、人口5000万人以上の国だ。韓国経済研究院のファン・インハク選任研究委員は「一部大企業を除けば韓国主要企業のR&D活動を通じた革新努力はグローバル競争企業より不十分だ」と分析した。国全体のGDP比R&D投資率を見れば韓国の未来に対する投資は高いように見えるが、これは一種の「統計的錯視現象」を提示するという指摘だ。”

　以上紹介したように韓国が日本のよき「パートナー」を念頭におきながら厚顔無恥にも韓国政府にいろいろアドバイスやコメントをしてきた。聞き入れてくれたものもあるが、多くは聞く耳を持たないものや、日本人からとやかく言われたくないという態度も多々見られた。

6．ソウルジャパンクラブ（SJC）理事長と社外活動

（9）ソウル市外国人投資諮問委員会（Foreign Direct Investment Advisory Counsel）

　ソウル市にはソウル市長の諮問機関として「外国人投資諮問委員会（Foreign Direct Investment Advisory Counsel）」と言うのがある。ソウル市を世界で最も美しく、外国人が働きやすい街にしようという狙いでソウル駐在の外国人をメンバーにして定期的に諮問委員会を開催している。私は2004年、李明博市長時代に日本人としては初めてのメンバーに任命された。ソウル市の計画する①清渓川プロジェクト、②漢江ルネッサンスプロジェクト、③学校プロジェクト、④梨泰院プロジェクト、⑤ソウル市美化（看板・広告）プロジェクト、⑥ソウル市のファイナンシャルセンター化、⑦R&Dセンター化、⑧空気汚染対策などへ数々のコメント、アドバイスをさせていただいた。

　その一例として韓国経済新聞へ掲載されたコラム（2007.12.10）を次に記してみる。

●漢江ルネッサンス

　私の健康法の一つは毎朝の約１時間のウォーキングと週末の自転車サイクリングだ。東部二村洞に住んでいるので漢江縁で楽しんでいる。師走に入った今は夜明けも遅く日の出は７時半頃だが、老若男女を問わず多くの市民がウォーキングとジョギングを楽しんでいる。鼻歌を歌いながらのおじさん、パリパリ（韓国語で早く早く）と歩くおばさん、自転車を飛ばす若者などそれぞれに個性がある。中でもお年より夫婦が手をつないでウォーキングしている姿は、日本ではあまり見られない微笑ましい光景だ。本当に韓国人はウォーキングやジョギングが好きな国民だと思う。それにしてもこの漢江

75

縁の整備されたウォーキング・ジョギング道路はすばらしい。

　この３月、呉世勳ソウル市長は、私もメンバーとなっている外国人投資諮問委員会（FIAC）で"漢江をロンドンのテムズ川、パリのセーヌ川を飛び越える世界的な観光資源にする自信がある"と述べられ、「漢江ルネッサンスプロジェクト」を発表した。

「漢江ルネッサンスプロジェクト」計画の目標は、漢江の自然美をいかし、市民たちが簡単に訪れる休息の場として漢江を活性化しようというものだ。計画によれば、"来る2009年までに漢江水辺のコンクリート堤防の上に、野生花と野草、蔦植物が植えられ、漢江に青い服を着せる。汝矣島支流の川と岩寺洞、江西などの漢江水辺には生態公園が造成される。漢江の橋まで歩いたり、バスや自転車で川辺まで行けるよう、エレベーターが作られるなど漢江への接近も改善される。"と言う。

　早速、今年の春には漢江水辺のコンクリート堤防の上に、野生花と野草、蔦植物が植えられた。例年夏の大雨による被害対策として、接近路の整備、渡江交通の確保等を施し、在韓米軍の平沢移転に伴う龍山基地の返還を機に、跡地を公園として整備する計画のようだ。さらに夢は大きく、2030年までに竜山・西部二村洞と汝矣島の北端に国際広域ターミナルを新設し、中国・天津、上海などと漢江を結ぶ黄海航路を設置し、ターミナル周辺の経済・文化基盤施設も拡充し、ソウルを港湾都市に刷新すると言う。誠に壮大な計画で市民の夢も膨らむ。しかし、急激な都市化は人間を疎外しかねない。「Renaissance」と言う語は「Re（再び）」＋「nessance（誕生）」を意味するフランス語である。直訳すれば再生の意味であるが、それは「文芸復興」、「人間復興」の意味である。

　鼻歌を歌いながらのおじさん、パリパリと急いで歩くおばさん、

6．ソウルジャパンクラブ（SJC）理事長と社外活動

手をつないで歩くお年より夫婦、楽しく大声で遊んでいる子供達、これら市民の楽しみを阻害しないような人間尊重の町づくりを是非、お願いしたい。

呉世勲ソウル市長 と筆者

ソウル名誉市民称号の授与式

このような長年の貢献が評価され、2009年に当時の呉世勲ソウル市長からソウル名誉市民の称号が与えられた。

　今回授与されたのは 米国2人、英国2人、独国2人、カナダ2人、仏国1人、オーストラリア1人、ニュージランド1人、メキシコ1人、ドミニカ1人、ナイジェリア1人、ネパール1人、日本1人の計16人。

　資料（記録）によればこれまで50年の間に607人に贈られている。
　そのうち日本人の主な受章者は力道山（63年）、鹿島建設社主・鹿島守之助（64年）、駐韓大使・須之部量三（81年）、東京都知事・青島幸雄（96年）、細田学園長・細田早苗（97年）などの各氏、そして在日韓国人の功労者。日本人としては私が10年ぶりの40人目の受章者となる。駐在員のような存在の私にも名誉市民の称号が与えられるとは、韓国の対日感情（政策）も変わってきたようだ。

（10）東洋一の日本人学校建設に奔走

　ソウル日本人学校は1972年5月に漢南洞に開校した。その後、手狭になり、日本人会を中心に1980年4月に江南地区開浦洞に移転した。その後、開浦洞地域の商業化と日本人駐在員の多くが居住する東部二村洞から遠隔地であること、又、建築後25年での校舎の老朽化などから、2004年からSJCが移転の検討を開始した。

　途中、ある市議会議員から東部二村洞に隣接する西氷庫地区の土地を校舎付きで等価交換する旨の斡旋申し入れがあったが、土地が狭く、通学道路も危険な場所にあることもあってお断りした。必要となる資金確保については既存の学校用地を売却して代替土地購入費用と新校舎建築費用を捻出し、関係者の負担を極小化する方向で進めた。しかし、なかなか学校用地が見つからなかった。

ソウル市の外国投資諮問委員をしていた私は、当時ソウル市が外国人学校用地として計画していた麻浦区上岩洞DMC（Digital Media City）開発地域内に、日本人学校建設のための土地取得を市長に要望した。同計画は、幅広く外国人を受け入れるインターナショナルスクールの新設を目的とするもので、日本人学校の様に特定国の学校移転を念頭に置いたものではなかった。その為すんなりとはことが進まなかったが、粘り強い嘆願の結果、2007年8月に外国人学校用地の申請資格者として、日本人学校の申請適格性が認められた。

その後、①ソウル市がSJC所有の開浦洞の日本人学校用地を買い入れる、②ソウル市はSJCに麻浦区内の外国人学校用地を随意契約にて売却する、③買い入れ価格及び売却価格については、SJCの負担が発生しないことを前提とする、④所有地の売却代金から学校建設に必要な土地買入費用、新築費用、付帯費用、各種税金 諸般費用を除いた差額をソウル市に寄付する、⑤週末は近くの住民に校庭や、プールを解放すること等を条件に合意に至った。

現校舎は2009年7月30日起工、2010年9月14日に竣工。2010年9月27日に開校した。一連の経緯を振り返ってみるとやはり、先達が良い資産（江南地区開浦洞の日本人学校）を残しておいてくれたことに感謝である。

今や東洋一の日本人学校として他国の駐在員から羨ましがられている。

（11）国民銀行社外理事…… 日本人を任命した英断に敬服

2005年3月から2008年3月まで国民銀行の社外理事を拝命した。アジア通貨危機後の2001年に、時の国策により優良銀行であった韓国

住宅銀行と旧・国民銀行が合併する形で発足した韓国最大の顧客基盤および支店網を有する銀行である。

　このような純韓国の銀行が何故、日本人を社外理事に任命したのか興味深い。当時の姜正元銀行長はドイツバンクなどを経歴した国際派の金融マンであり、広く金融以外から人材を求めていた。従って、私以外にオランダ人や外資系企業経営者など各界からの著名人を社外理事に迎えた。私は全く金融とは関係のない人間であったけれど、韓国において労使問題を解決したり、キャッシュマネジメントを導入したりした会社再建の経営者として、また歯に衣を着せずモノを言う人間として、その経験や知識を買われて任命されたのだと推測した。

　経営戦略委員やリスクマネジメント委員を委ねられ、金融業界や、韓国式経営とは異なる観点から物を申してサポートしてきた。私のコメントは以下の通り。

①「国の規模の割合に銀行の数が多すぎる。これではグローバル化の進む趨勢の中で生き残れない。よって外替銀行（ＫＥＢ）との統合を推進すべき」

②日本の三井住友銀行と業務提携をして日本企業への融資や取引を拡大するとともに、経営ノウハウを学ぶべき

③「PDCA プロセス」を導入して改善活動をすべき

④生産性の尺度は「アウトプット／人数」ではなく「アウトプット／人件費」である

　経営会議で⑤「経営は点で見るのでなく線で見る」とか⑥「経営計画や予測は天気予報ではない」などのコメントを付けて韓国人役員からは煙たがられた。

　時代も変わってきたのだろうが社外理事に日本人を任命した姜正元銀行長の英断には敬服した。

（12）中央大学客員教授

　韓国にも「中央大学」という大学がある。この大学の任尚彬教授が2005年にビジネスマンを対象にJAMP（Japanese Advanced Management Program）なるビジネススクールを開講した。当時、日本式経営に関心の多いビジネスマン、公務員、大学院生など30人ほどのクラスができ、約10年間続いた。縁あってこのビジネススクールの客員教授を依頼され、毎年春と秋のセメスターで私の韓国富士ゼロックス再建の経験談を「企業の社会的責任（CSR）」というタイトルで講義して、啓蒙活動を行ってきた。約600人の受講生に講演をしてきたことになる。

　この卒業生たちが　任尚彬教授　が中心となって立ち上げた社団法人「韓日文化・産業交流協会」の主要サポーターとなり、今や韓国における文化交流の最大イベントとなった「日韓交流おまつり」の事務局運営を引き受けてくれた。そのお陰でおまつりの継続が可能となってきている。

（13）金＆張法律事務所・・・「The Kim & Chang」

　2008年、韓国富士ゼロックス社を退任時、金＆張法律事務所から常任顧問としての招聘を受けた。弁護士や会計士の資格をもたないから丁重にお断りしたのだが、これまでの韓国での経営経験を活かして日韓のビジネスや友好親善交流に力を貸してほしいとの依頼が強く、承諾をした。

　金＆張法律事務所は韓国最大且つ最強のローファーム、在籍する弁護士の数もレベルも最高クラスで、裁判での勝率も抜群の実績を誇っている。2012年には法律専門メディアの英国「Who's Who Legal」が発表する世界の法律事務所トップ100に選ばれた。（アジアからは金＆張を含む4社が選ばれるにとどまった。）

とはいえ、やはり法律事務所である。主に法律問題解決やアドバイスを商品として顧客にサービスを提供する従来型マーケティング活動をしていた。私はこれまでの経営者の経験から次のようなアドバイスをし続けた。

　マーケティング活動には①対応のマーケティング（Correspondent Marketing）と②創造のマーケティング（Creative Marketing）があるが、創造マーケティング（Creative Marketing）をもっと強化すべきである。

①対応マーケティング（Correspondent Marketing）
　これは顧客の法律相談や会計相談などに応じる従来型のマーケティングをいう。この対応マーケティングは「顧客満足度」向上が鍵で、リピートオーダーが大切。そのためには顧客を定期的に訪問する活動が大事である。これまでのやり方を変え、事務などのサポート活動をしているスタッフを、弁護士や会計士に準じる「CSO」（Custmor Service Operator）という職種に格上げし、徹底的に顧客満足度を高める教育を施す必要があった。意識改革を図り、「CSO」という職位に誇りと品格を持たせることが肝要なのだ。「CSO」が定期的に顧客を巡回し、問題点の発掘や要望を聞きだし、弁護士や会計士とコミュニケーションを図り、いち早く顧客の要望に応え、「顧客満足度」を上げる活動に変革しなくてはならなかった。これにより他社との差別化を図ることができた。

②創造マーケティング（Creative Marketing ）
　これまでの対応型マーケティングと異なり、金＆張の持つ総合力（法律、労務、知的財産、会計、財務など）を駆使してプロスペクトや顧客に対してコンサルティングやソリューションを提供していく顧客創造の攻撃型マーケティングである。

例えば、「A社」の事例を紹介してみよう。

「A社」は世界的なタイヤメーカーだが、韓国においては残念ながら小規模の状態。韓国のタイヤ市場は①新車装着市場と②代替タイヤ市場に分けられる。新車装着市場では韓国産タイヤがほぼ100％独占し、「A社」のような外国メーカーは全く入りこめていない状態だった。「Ａ 社 」は代替タイヤ市場から新車装着市場 に入り込みたい画策していた。 金＆張の人脈、政治力、企画力などの総合力で「A社」の要望解決を図ること・・これが創造マーケティングである。

　グローバル化が加速し、第4次産業革命が台頭してくる中、CSO活動を通じてプロスペクトや顧客のニーズを発掘し、金＆張の総合力でコンサルティングやソルーションを提供して顧客の満足度を高めて行かなくてはならない。私は「金＆張法律事務所」の社名から「事務所」をとって「The Kim & Chang」として尊敬される「Think Tank」になるべきだと言い続けてきた。そのためには教育プログラムの精度を上げるとともに、弁護士や会計士一人一人の自覚と研鑽が求められている。

　厚顔無恥にも上述のマーケティング論法と所内の「情報の一元化」促進、顧客サイドからみた「ワンフェース」化の重要性を啓蒙し続けてきた。

　喜ばしいことに私のアドバイスに応えられる体質になってきている。

　さらに金＆張法律事務所の素晴らしいところは、９年間続けて来たの私の日韓友好親善促進の対外活動を全面的にサポートしてくれたことだ。度量の大きさに敬意を払うとともに手厚いご支援に心から感謝したい。

7. 日韓経済人会議

　日韓経済協会並びに韓日経済協会が主催する「日韓経済人会議」は、日韓経済交流拡大のための活動を1969年以来一度も休会することなく続けてきている。現在は佐々木幹夫三菱商事株式会社特別顧問を会長として、300人以上の産官学の人材が集参討議し、経済、人事、文化交流で新時代の協力関係を築こうとしている。私は2003年以降、毎回参加し続けてきている。

　日韓経済協力関係の推移について触れてみたい。

（1）日韓貿易と日韓投資の状況

①日韓貿易

　これまで日韓貿易は300億ドル近い韓国の対日赤字が恒常的になっていた。これは日本から中間財・資本財を輸入し、それらを加工・組み立てて輸出するという韓国の産業構造に起因していた。従って、韓国の輸出が増えるほど対日輸入は増加する傾向にあった。特に、部品・素材の対日赤字が大きい。

　しかし、よく見ると日韓間では産業内分業型の貿易が進展している。主な対日輸出製品は半導体, 石油製品、携帯電話、鉄鋼版、平板ディスプレイ、液晶パネルなどがある。逆に主な対日輸入製品は鉄鋼版、半導体、プラスチック製品など。即ち、産業内分野の進展により同一品目内の輸出入が行われていた。

　ところが2011年に韓国は総輸出の増加（40.9％）にもかかわらず対日貿易赤字が減少（20.7％）した。これは東日本大震災による一時的な要因もあったが、リーマンショック以降日本の産業構造に変化が生じてきたためと思われる。

84

②日韓投資

　これまで日本企業にとって韓国は余り魅力的な投資先でなかった。それは産業構造が類似しているなどの理由からで、日本は安い生産コストを求めて中国や東南アジアに投資を推進していた。しかし、2005年以降、韓国への投資が増加傾向を見せてきている。韓国企業の技術力、品質力の向上に加え、リーマンショックや東日本大震災の影響で2011年度は124.8％増となった。

　日本企業の韓国への投資形態は次のように分類される（JETROの資料）。
●製造業の投資
①部品素材の提供（販社、製造）→韓国大手企業への納品・サポート
例：東レ、東芝エレクトロニクス、ダイヘン、ニコンプレシジョン等
②R&D型
例：東レ、アルバック、東芝（ハイニックス）、ジャトコ等
③インフラコストの活用、安全の確保（サプライチェーンの複線化、データ保存）
例：東レ、ソフトバンク

●サービス業の投資：韓国内需市場の活用（トライアル市場 etc.）
例：飲食（ビール、モスバーガー等）、物流、銀行、保険、衣類等

●第３国へ（大手商社とのタイアップで第３国投資、海外への足場）
例：三井物産＆大宇建設（モロッコの石炭火力発電）、帝人等

●韓国のIT環境の活用、ソフトウェア調達
例：DeNA、グリー、KDDI等

　一方、韓国企業の日本への投資は販売拠点確保、技術確保を目的とする傾向があった。

　主な事例は次のようなものである。
●サムスン物産―日本からのステンレス精密財の安定供給を目的に明道メタルを買収（2008年）
●ポスコ―日産自動車など関東のユーザーへの供給拠点確保を目的に日産トレーデングと合弁（2007年）
●ポスティール―韓国向け鋳造用鋼塊製造を目的に壽工業と合弁（2007年）
● NHN―NAVERとLive doorのシナジー効果を目的にライブドアを買収（2010年）

　貿易も投資も順調に推移してきたが、2012年8月李明博大統領が独島を電撃訪問し、その後、天皇の謝罪を要求して以来、投資も貿易のみならず訪韓日本人観光客数にも異変が起きている。私はこの危機感をJETRO作成の次の各図を使って韓国の大学やフォーラムでプレゼンして若者に喚起を促してきた。
　果たして、遅まきながら中央日報（2016.10.6）がこのことを記事に載せた。次の記事をご覧いただきたい。

【社説】日本の対韓直接投資が４年連続で減る理由

　日本からのFDIは急減している。欧州連合（EU）・米国・中国など世界から投資が流入しているのとは違い、日本のFDIは４年連続で下落している。投資減少率も2013年40.8％、2014年7.5％、2015年

33.1％と大きい。伝統の経済パートナーである日本の対韓FDIは昨年初めて中国を下回り、今年は中国の半分に減少した。

　韓日関係を急激に冷え込ませている政治が問題だ。過去の問題をめぐる政治的な対立が経済交流にまで影響を及ぼしている。2012年に李明博大統領が独島を電撃訪問し、天皇の謝罪を要求して形成された緊張は今でも続いている。さらに最高裁がいわゆる「戦犯企業」に強制徴用の損害賠償を命令し、日本企業のFDIは急減した。日本企業の国内財産差し押さえの可能性の問題は致命的だった。下図にみられるように2012年以降、日本の韓国への投資は激減している。
　両国間の政治的緊張は韓国資本の日本投資にも悪影響を及ぼしている。韓国企業の日本企業買収が日本政府の反対で実現しないなど被害事例が相次いでいる。浅はかな政治的策略や民族感情の排除は必須だ。いつまでも過去の歴史に埋没しているわけにはいかない。韓日関係の改善が急がれる。

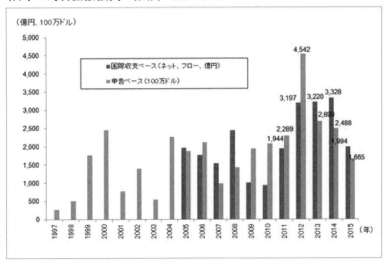

〈日本の対韓直接投資の推移〉〈出典：JETRO〉

下図に示されるように、1962〜2015年までの韓国の国別直接投資受入れ累計額でみると日本は実行ベースで米国を抜いて第１位の投資国である。

〈韓国の国別直接投資受入れ〉〈出典：JETRO〉

（単位：100万ドル、％）

申告順位	国名	申告ベース(%)	実行ベース(%)
1	米国	62,425(24.2)	27,916(16.5)
2	日本	39,656(15.4)	29,515(17.5)
3	オランダ	25,153(9.7)	22,818(13.5)
4	シンガポール	13,330(5.2)	9,592(5.7)
5	英国	12,797(5.0)	10,678(6.3)
6	ドイツ	12,241(4.7)	9,658(5.7)
7	香港	9,905(3.8)	3,160(1.9)
8	中国	8,110(3.1)	4,555(2.7)
9	カナダ	7,776(3.0)	3,105(1.8)
10	マレーシア	7,600(2.9)	6,432(3.8)
	合計	258,018	168,814

2012年以降対韓貿易額は激減してきている。

〈日本の対韓貿易額の推移〉〈出典：韓国貿易協会、作成：JETRO〉

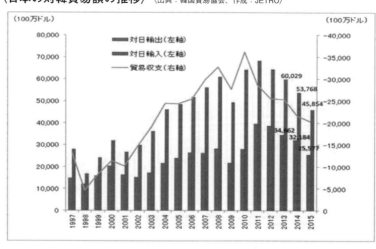

88

更に、2012年以降韓国を訪問する日本人観光客数も激減している。

〈訪日韓国人数及び訪韓日本人数の推移〉〈出典：日本政府観光局（JNTO）統計〉

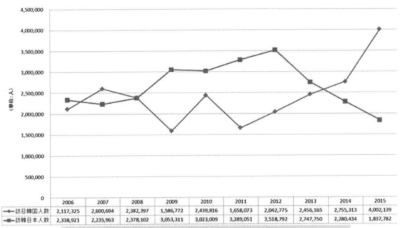

（２）　日韓経済協力の状況

●日韓企業のアライアンス

　日韓企業のアライアンスは下記のような狙いで積極的に行われてきていた。
①量産効果……・新日鉄：ポスコ、　新日本石油：GS カルテックス
②量産効果および韓国企業向け販売……・JFE スチール：東国製綱、JFE スチール：現代ハイスコ
③韓国企業向け販売……・旭ガラス：韓国電気ガラス、みずほコーポレイト銀行：新韓金融グループ
④安定的調達先確保……・ソニー：サムスン電子

⑤相互補完……・三井住友銀行：国民銀行、 JR 貨物：韓国鉄道公
社
⑥技術補完（クロスライセンス）……・パナソニック：LG 電子、
東芝：LG 電子

●第三国における日韓企業連携

昨今、大手商社とのタイアップで第3国投資、海外への足場を創
る協力関係が下記の事例のように増えてきた。今後もますます増加
が見込まれ、日韓の新しい経済協力の形となってきている。

①中国……・帝国ピストリング：柳成企業（北京現代自動車などへ
の販売拡大）、シークス：イナテック：NLK、（顧客開拓、製造技
術確保）NTN: 韓国フランジ工業（現代・起亜グループの中国生
産拠点向け販売）
②インド……・三菱電機：三菱商事：現代ロテム（インド・バンガ
ロール地下鉄向け車両供給）
③アルジェリア……・三菱重工業：大宇建設（大規模肥料製造プラ
ントを受注）
④マダガスカル……・住友商事：大韓鉱業振興社（世界最大級ニッ
ケル鉱山・精錬一貫プロジェクト）
⑤メキシコ……・三井物産：韓国ガス公社：サムスン物産（メキシ
コ LNG ターミナル運営事業
⑥ペルー……・丸紅：SK エナジー（液化天然ガスプロジェクト）
⑦ブラジル……・伊藤忠商事：日本鉄鋼大手5社：ポスコ（ブラジ
ルの鉄鋼大手 CSN から資源子会社ナミザ社株式 40％を共同で取
得。鉄鋼主原料の安定調達を図る）
⑧モロッコ……・三井物産：大宇建設（石炭火力発電所の建設）
⑨アブダビ……・住友商事：韓国電力（発電事業への参画）

⑩インドネシア……・三菱商事：韓国ガス公社（LNG の製造・販売）

● 日韓経済協力は韓国の「強い小企業」と日本の「中小企業」の連携が鍵

　アジアが世界経済を引っ張っていくことは産業革命後はじめてであり、まさにアジア時代の到来である。民主主義、市場経済主義、類似の文化を共有する日韓両国の経済協力が重要であることは論を待たない。特にものづくりに精通する両国はその根幹を支える中小企業の育成、協力が鍵となる。これまでの中小企業協力促進の状況経緯は以下の通り。

① 2000 年に入り「部品・素材」や「中小企業」問題を解決するために、産業資源部（現知識経済部）が「ジャパン・デスク」（事務局：野村総研）を設けたり、KOTRA が JETRO と協力して日本の中小企業ミッションを招聘したりして努力してきたが、思うような成果が出なかった。

② 2008 年 11 月に横浜で開催された「新産業・貿易会議」（日韓経済人会議の下部組織）では日本側は「少子化と企業経営」というテーマで（1）女性の活用と（2）資格者の活用を提案、韓国側は「日韓企業間協力の強化」というテーマで「中小企業の共同開発基金創設」を提案した。以来、「議論より実践」をスローガンにタスクフォースの提案は地道な活動を推進。更なる検討を加えた提案が第 42 回日韓経済人会議（2010 年 4 月、岡山で開催）で発表された。

＜韓国側タスクフォース＞
・対日貿易・投資活性化提案

・部品素材産業協力提案
＜日本側タスクフォース＞
・人材交流提案
・資格相互認証（IT技術者、観光ガイド、介護士、環境士）提案

　更に、これらのタスクフォースの提案事項は実現に向け推進中で、第43回日韓経済人会議（2011年9月、ソウルで開催）、第44回日韓経済人会議（2012年5月、大阪で開催）でもその進捗状況が継続されて確認されている。併せて、これらの推進には「日韓FTA（EPA））締結」が焦眉の急であることも提案されている。
　具体的には、中小企業のR&D（研究開発）に日本の退職技術者を活用する韓日協力モデルが拡大している。韓日産業技術協力財団によれば2011年度に韓国の52社の中小企業を支援したという。

③日韓産業技術協力財団内にある「日韓中小企業交流センター（JK-BIC）」（http://www.jk-bic.jp/）がインターネットを活用して日韓の中小企業のマッチングを推進してきているが、次のような成果を得ている。
　・2009年は7社のマッチングのうち4社が成約となった。
　・2010年は7月時点で3件の成約となっている
●日本N社（京都）、韓国E社（大田）……技術譲渡を含む機械輸出（日本から韓国へ輸出）
●日本T社（長野県）、韓国N社（仁川）……LED照明調達（韓国から日本の代理店経由の調達）
●日本H社（兵庫県）、韓国G社（京畿道）……ビニールハウス調達（韓国から日本へ輸出）
●この6月26日にこれまで初めてとなる大韓商工会議所とSJC/JETROの共催で「中小企業成長のための日韓企業協力のあり方について」のセミナーが開催された。

７．日韓経済人会議

　ここでは具体的な政府、公的機関、日韓産業協力財団、金融融機関、企業などの協力対策や課題などが浮き彫りにされた。
　例えば、下記のような提案がされた。
①日本の中小企業の韓国進出支援の強化では、日本側は国際協力銀行（JBIC）の海外進出ローン支援を韓国も対象にすべき。韓国側は特別与信・保証ファンドの確保などを政府、金融機関が連携して支援すべき。
②韓国企業の日本進出を活性化では、日本側は韓国企業の日本進出が産業空洞化や地域機材活化に役立つという認識をもっとPRすべき。韓国側は日本市場への進出を技術習得の場として活用すべき。
③知的所有権保護の強化では、日本側は技術流出に対する両国間の誤った先入観を排除して協力を活性化すべき。韓国側は日本企業が安心できる制度の整備・PRすべき。

　このように両国の中小企業協力促進は課題も多いが着実に進んでいる。そしてさらなるスピードアップが求められている。一方、韓国で中小企業が育たない中、昨今、サムスンなどをスピンアウトしたベンチャービジネスが育成されてきている。私はこれを韓国の「強い小企業」と称し期待をしている。

93

金大中、盧武鉉の革新大統領時代の韓国経済の課題と対応策について触れ、私のコメントを記してみる。

8. 金大中、盧武鉉大統領 (1998 ～ 2005 年) 時代の韓国経済の課題と対応策

　金大中大統領時代のGDP成長率はIMFショック以後、高い成長率をしめしたものの盧武鉉大統領時代の成長率は2003年度2.9％、2004年度、4.9％、2005年度、3.9％と期待を裏切るものであった。

　その原因は韓国経済のファンダメンタルな構造、即ち二極化現象にある。IT・自動車・造船・家電・半導体を輸出している産業、企業は利益を得ているが、この他の産業、企業は利益を得ていない。このように勝ち組と負け組の二極化現象が広がった。勝ち組み、即ち IT産業の場合、技術・資本集約度が高いので労働力依存度が相対的に低くなり、雇用創出効果は低くなる。また、輸出品を構成する部品・素材などの中間財は海外からの輸入依存度が高いため国内投資および雇用の増加に繋がることが難しくなる。それ故、部品素材産業は殆ど発展せず、大企業の成長果実が中小企業に伝播できない状況を作った。優良大企業は急速な技術進歩に対応し、R&D投資などを通じて自らの技術水準を高めているが、中小企業は資金と人材不足、信用力の制限などの要因でR&D投資に厳しさを抱えている。

　従って、部品素材を扱う中小企業をどう育成するか早急にアクションをとるべきだ。このためにも「日韓FTA」の早期締結は焦眉の急といえる。

　私のコメントは相変わらず日韓中小企業の協力 と「日韓FTA」（EPA）の早期締結にある。

8．金大中、盧武鉉大統領（1998 ～ 2005 年）時代の韓国経済の課題と対応策

コメント①……日韓中小企業の協力（2010 年）

政府、公共団体に対しては次のような提案をしたい。

● 日韓両国は日本政策金融公庫の スタンドバイ・クレジット制度などの 資金支援、並びに各種サポートをもっと活用すべきだ。韓国側は特別与信・保証ファンドの確保などを政府、金融機関が連携して支援する必要がある。

● 知的所有権について日本側は技術流出に対する両国間の誤った先入観を排除して協力を活性化すべきだ。韓国側は日本企業が安心できる制度の整備・PR をする必要がある。

● 日本側は韓国企業の日本進出が産業空洞化や地域機材活化に役立つという認識をもっと PR すべきだ。韓国側は日本市場への進出を技術習得の場として活用する必要がある。

● コンサルタントや通訳士を常駐させ、交流を意図する中小企業がいつでも相談に応じられる「ワンストップサービス　FOR 中小企業」の設立。

● また、韓国人の中小企業を軽視する職業観も変える必要がある。加えて、企業の経営規模が大きくなるほど規制に縛られ、経営権の移譲どころか、所得税を収めた個人の財産相続まで阻もうとする構造を変える必要もある。

次に示す３つの事例で「何故、韓国へ投資をしたか」のポイントを挙げ、「中小企業成長のための日韓企業協力」のヒントとしたい。

（1）益山部品産業団地へ投資をした自動車部品の「安永株式会社」
　　　（本社：三重県）
　　　もともと GM 大宇との取引があったが、益山に部品素材産業団地が完成したのに伴い工場を建設した。理由は益山が海か

95

ら離れていて塩害をさけられ、なおかつ、港に近い。若手の労働力が確保できる。グローバル戦略の観点から生産拠点を三重県から益山に移行したい。

（2）大邸経済特区に投資をした精密機械工の「中村留株式会社」（本社：石川県）

大邸経済特区の地乗りとインセンティブ、若手の技術者の高いスキル、グローバル戦略の観点から生産拠点を石川県から大邸に移行したい。

（3）太田経済特区に投資をした「第一施設株式会社」（本社：福岡県）

韓国内の国立研究所を始め、各大学で研究開発されているR&D力の活用。高学歴の学生、若者の人材の活用。

これら3社に共通しているのは"モノづくり"に必要な「開発（R&D）と生産の一体化力」である。両国の強みと弱みを補完し合って、"モノづくり"をすべきだ。

コメント②……「点」を「線」で繋げ、「面」とした日韓FTA（EPA）交渉を（2009年）

対日貿易赤字300億ドルの中味は部品・素材である。韓国の国全体の貿易収支はバランスがとれている。対欧米、対中は黒字であるが、対日は赤字でこの構造は数年来変っていない。これは韓国の産業構造からくるものである。モノづくりのできる国・韓国は家電製品、自動車、造船、半導体などの立派な完成品をつくり、輸出をすることで経済発展を遂げてきた。しかし、これら立派な完成品の中味、即ち、部品・素材はその多くが日本からの輸入に負っているのが現状だ。韓国には部品・素材を手がける中小企業が育っていないことがこの原因である。対日貿易赤字300億ドル解消の鍵は「投資」、「部品・素材」、「中小企業」、この3つがキーワードといえる。一方、

8．金大中、盧武鉉大統領（1998 ～ 2005 年）時代の韓国経済の課題と対応策

日本でも部品・素材を手がける中小企業は後継者問題、技術の育成、
移転問題などで頭を痛めている。

　この「投資」、「部品・素材」、「中小企業」問題を解決するために、
これまで産業資源部がジャパン・デスク（野村総研の支援を得て）
をつくったり、KOTRAがJETROと協力して日本から中小企業ミッ
ションを招聘したりして努力してきているが、残念ながら結果は思
わしくない。これまでそれぞれが努力はしているのだが、全てが「点」
になっていて「線」として繋がっていないことに問題があった。

　これまでの革新大統領と異なり、保守のCEO大統領が誕生し、ビ
ジネスフレンドリーの環境が芽生え始めて、"議論から実行へ"の
変化が起きている。昨年11月に横浜で開催された新産業・貿易会議
では日本側は「少子化と企業経営」というテーマで（1）「女性の
活用」と（2）「資格者の活用」を提案した。韓国側は「日韓企業
間協力の強化」というテーマで「中小企業の共同開発基金創設」を
提案した。これらはすぐ実行にとりかかることのできるプロジェク
トである。また、日韓産業技術協力財団はインターネット上、「日
韓中小企業情報交流センター」を早速立ち上げた。

　日韓経済人会議の席上で、私は日韓（韓日）経済協会がイニシィ
アティブをとって、政府の予算で中小企業のための"駆け込み寺"、
即ち、「ワン・ストップ　サービスfor中小企業」の立ち上げを提案
した。インターネット上の「日韓中小企業情報交流センター」は一
歩前進である。しかし、所詮、人間同士の交渉ごとであるから"Face
to Face"の交渉が必要である。両国の中小企業経営者がお互いの
悩み、即ち、ニーズとニーズのすり合わせの場が必要である。この"駆
け込み寺"にはアドバイザーや通訳が常駐していてワン・ストップ
でサービスを提供してくれる場である。

97

「点」と「点」を繋げて「線」にして「線」を「面」にする必要がある。

金大中大統領と筆者

盧武鉉大統領と筆者

革新大統領が続いた後、多くの国民の期待を背負って経済（CEO）大統領が誕生した。

9．李明博ノミクス政策 ……747公約

（1）公約の未実現

李明博政権は「実用外交」をスローガンに掲げ、安全保障と歴史問題を分けて取り組もうとした。最近よく使われる言葉で表現すれば「ツートラック外交」だ。李明博大統領は慰安婦問題では日本に攻勢をかけたが、その一方で安全保障では米国の顔色をうかがいながら日本をパートナーとして尊重すると明言していた。この「ツートラック外交」は慰安婦問題での交渉決裂からわずか4カ月後に破綻した。きっかけは韓日両国による軍事情報保護協定問題（GSOMIA）だった。この問題で李明博政権は「骨の髄まで親日」などと反対派から攻撃を受けた。

李明博大統領の選挙公約は747公約であった。これは、今後10年間、年平均成長率を7％で維持し、国民所得を4万ドルにし、世界7大強国にするというものであった。

747公約の結果は下記の表の通りである。

残念ながらどれも達成できていない。特に、韓国社会に必要なのは競争原理の中で取り残されてしまった人びとに対する救済政策、即ち、セーフティ・ネットの早期確立であったが、結果的に次の政権に課題を残すことになってしまった。

〈経済成長率〉（単位：％）＝＞目標は 年平均成長率を7％ <small>（出典：中央日報エコノミスト）</small>

2007年	2008年	2009年	2010年	2011年	2012年
5.1	2.2	0.2	6.1	3.8	2.0

〈1人当たり国民所得〉（単位：ドル）＝＞目標は 国民所得を4万ドル 〈出典：財政企画部〉

2007年	2008年	2009年	2010年	2011年	2012年
21,632	19,161	17,041	20,562	22,489	23,159

　世界7大強国目標には達していないが、輸出実績並びに 対外信用度 だけが評価される。

〈輸出実績〉（単位：億ドル）〈出典：中央日報エコノミスト〉

2007年	2008年	2009年	2010年	2011年	2012年
（11位）	（12位）	（9位）	（7位）	（17位）	（8位）
3,714	4,220	3,635	4,663	5,552	5,460

　しかし、300万人の雇用創出の 目標は実現できず、消費者物価は経済成長率を上回り、賃金は上昇せず、国家債務も上昇し、庶民の苦痛は深まるばかりであった。

〈就業者の増加推移〉（単位：千人）目標は 300万人の雇用創出 〈出典：中央日報エコノミスト〉

2007年	2008年	2009年	2010年	2011年	2012年
282	145	−72	323	415	437

（2）政策の副作用

　2008年、李明博政権 は世界金融危機（リーマンショック）に直面したが、迅速かつ果敢な財政投入によりウォン安政策で国家あげて韓国輸出企業を支援し、日本企業を蹴散らした。しかし、その政策がもたらす副作用に韓国国民の不満は爆発寸前であった。以下の現象がそれを物語っている。

● 自殺率は最高（OECD 加盟国、人口10万人中、日本22.2人、韓国33.8人）

● 高齢者貧困率（65歳以上で可処分所得が中央値の半分以下。日本22％、韓国45.1％）

- 若年就業率（15～24歳の就業者数／人口。日本38.8％、韓国23.1％）
- 政府の社会保障支出率（社会保障支出がGDPに占める比率。日本22.4％、韓国9.4％）
- 国民1人当たりGDP（日本3.04万ドル、韓国2.75万ドル）
- 学校教育費（公的支出と私費負担の合計の対GDP比。日本5％、韓国7.5％）（出展）『週刊東洋経済』（2012年12月15日号）

　何一つ公約を実現できなく、レイムダックに陥った李明博大統領の最後はその威厳を取り戻そうと竹島（独島）上陸、その後天皇陛下への言及、いわゆる反日パフォーマンスで醜態をさらす結果となった。

李明博大統領と筆者

10. 朴槿恵大統領政策……474公約

　李明博大統領の負の資産を背負った朴槿恵新政権は「経済民主化」を政策に掲げた。この狙いはIMF以降もたらされた大企業と中小企業間の格差解消である。そして、474公約……経済成長率4％、雇用率70％、国民所得4万ドルを目標として、次のような方針を打ち出した。
- 科学技術とIT産業を軸にした創造経済
- 経済民主化への取り組み
- 国民の幸福を追求、福祉・教育の充実

朴槿恵大統領（国会議員時代）と筆者

朴槿恵政権の末期はご承知の通りで、弾劾裁判で大統領失職という惨めな結末を迎える。そうなると世の常でマスコミは言いたい放題である。

（1）「失われた10年」「忘れたい10年」＝韓国

（中央日報　2016.3.3）

李明博・朴槿恵政権の8年間は、国の財政と国民の暮らしも誠にお粗末なものとなった。金大中・盧武鉉執権当時と比べても非常に嘆かわしい。金大中・盧武鉉政権の10年を「失われた10年」というのなら、李明博・朴槿恵政権の10年は「忘れたい10年」と呼ばなければならないだろう。

（2）スローガンに終わった朴大統領の経済政策…憂鬱な韓国経済

（中央日報　2017.3.3）

朴槿恵大統領は2013年12月に「2014年度経済政策方向」を出した後、2014年明け早々に「新年国政構想」の「経済革新3カ年計画」を発表すると宣言した。企画財政部など経済関連部処は驚いた。事前に全く協議されていなかったからだ。政府はあたふたと「2月末までに具体的な内容を用意する」と明らかにした。

韓国経済の青写真をわずか2カ月間ほどで化粧直しをさせて、その年の2月25日、「経済革新3カ年計画」が姿を現した。

公共機関改革からベンチャー・創業活性化、家計負債の管理など多様な内容を入れたが、二番煎じ・百貨店式の政策の羅列は必然的な結果である。

ある経済部処の関係者は「その年の経済政策方向を終えた状況で2カ月後にまた新しいものを出すというのは事実上不可能だった」とし「過去の政策をもう一度引き出したり、アイデア水準の内容を

検証せずに出すしか方法はなかった」と話した。こういう「拙速計画」がまともに成果を出せるはずはない。今年までに達成するというビジョン「4・7・4」は何ひとつ達成できなかった。

（3）唖然とする韓国の「韓日FTA」への不節操な対応

「日韓FTA」は盧武鉉大統領時代から約15年以上の懸案事項となっている。この間、日韓FTA締結の必要性を要求し続けて来た私としては、下記の新聞記事を見たときは唖然とせざるを得なかった。国家の経済的利益よりも日本に対する「反日」の気持ちだけで締結を渋っていたことが新聞内容から読みとれるからだ。

【時論】韓日FTAは韓国の"神の一手"になれる

（中央日報　2015.11.4）

　韓国は2004年11月に日本とのFTA交渉を中断してから再開の糸口を見つけられずにいる。韓日FTAに対する韓国国内の反対の声が大きいためだ。持続的な対日貿易赤字という状況で、日本より関税率が高い韓国が日本とFTAを結ぶことになれば不利だとの主張が大手を振って歩く。その論法通りなら、韓国ははるかに関税率が低い米国や欧州連合（EU）とはなぜFTAを結んだのか説明する方法がない。日本との競争を恐れたというなら現在の韓流熱風は可能だっただろうか。映画製作数を減らせば韓国映画界が滅びると言っていたスクリーンクォータだが、2006年に半分に減らしたが韓国映画はさらに強くなりさらに多様化した。

　日本の自動車が押し寄せることになるので、韓日FTAに反対するという論理は韓国の自動車業界では通用するかも知れないが、世界5位の自動車生産国の消費者が関税により、日本車を高くして国産車を買わせる政府の手法だと不満を口にしている。通商交渉権限

104

10. 朴槿恵大統領政策……474 公約

を新たに握った産業通商資源部が、自動車産業を掌握するため微温
的だという疑惑に堂々と立ち向かうことができるだろうか。

　韓日FTAを推進しなければならない理由は、韓国国内市場に競
争原理をとり入れ活性化を図り、消費者の実質所得を上げるように
することが出来るからだ。日本の農業市場開放に対する生ぬるさが
TPPを通じて解消されたことは韓日FTAを推進する新たな推進力
を与える。TPPに参加し韓日FTAを推進するのは、最悪の関係で
放置されてきた韓日関係を新たな地平に引き上げることになるから
だ。韓国が指すことができる"神の一手"だ。韓日FTAをこれ以
上恐れる理由はない。競争を促進し消費者主権を伸長し、平均的な
韓国人の生活の質を改善できるビジョンをTPP加入に盛り込んでこ
そ、既得権の反対を克服して韓国は先進国に深く根ざした前進の歩
みを踏み出すことができる。こうしたことが創造経済ではないのか。
（崔炳鎰　梨花女子大学教授・前韓国経済研究院院長）

105

11. 日韓友好親善のための SJC の役割と「日韓友情年 2005」

● SJC の役割

SJCでは3大方針の一つである全会員の安全保護、親睦活動のもと、教養文化委員会や婦人会を中心に「日韓カラオケ大会」、「クリスマス・チャリティーコンサート」などを主催してきた。又、ソウル市主催の「ソウル祭り」など外部イベントに参画するなど、韓国民との友好親善を図るために会員の自主活動を喚起している。

●「日韓友情年 2005」コンセプト

2003年6月盧武鉉大統領の訪日の際、小泉首相と大統領は「日韓首脳共同声明」を発表し、日韓国交正常化40周年にあたる2005年を「日韓友情年2005」と位置づけ、日韓両国民の相互理解と友情を増進する機会とすることで合意した。

1998年に金大中大統領と小淵総理が締結した「日韓共同宣言」いわゆる「日韓パートナーシップ宣言」後、「2002年ワールドカップ・サッカー共同開催」や「韓流ブーム」を経て、お互いにかつてないほど親近感を深めてきた。また、両国は「一日生活圏」にあり、その利便性を拡大し、経済・社会分野でも日に日に緊密度を増してきている。こうした趨勢の上に立って、「日韓友情年2005」のコンセプトは「"進もう未来へ、一緒に世界へ"をスローガンに掲げ、次世代を担う若者を中心に、21世紀を共に歩むパートナーとして、両国民の間の友情と相互理解を更に深めよう」とした。

11. 日韓友好親善のための SJC と「日韓友情年 2005」

● 700 余件の交流イベント

　そして両国で2003年、2004年とその準備が進められ、2005年には両国の間に700余件の交流イベントが計画された。私は現地推進本部長として大使館並びにSJC会員と一緒に汗をかきながら推進の音頭をとった。

　途中、政治問題で波風が立ち、NHK交響楽団演奏会や青少年サッカー大会などいくつかのイベントが順延や中止となった。そのことが特に、青少年に悪い影響を与えるのではないかと心配もした。しかし、「松竹大歌舞伎近松座」公演、「宝塚歌劇団」公演、NHK／SJC共同主催の「NHKのど自慢イン・ソウル」、両国外務省主催の「日韓交流おまつり」、NHK－MBC合作の「日韓交流コンサート」、未来に向けた「青少年日韓シンポジューム」等その多くが政治問題の影響を受けることもなく無事に終わり心配は杞憂に終わった。

　中でも、「日韓交流おまつり」は2日間で10万人を超える見物客で溢れ、その重要性が認識された。現地推進本部長であった私は大使館並びに関係所管におまつりの継続を嘆願した。"どんな悪天候にあっても常に進むべき方向を照らしてくれる灯台の光のような、日韓友好の大切なシンボルとして"という合言葉のもとに両国市民のボランティアによる草の根活動としてスタートしたのである。

107

12.「日韓交流おまつり」

(1) 手探りの 2005 年

　平山郁夫東京芸術大学学長を委員長とする「日韓友情年2005」実行委員会は、事務局を電通として「日韓交流おまつり」のプログラム立案をした。しかし、韓国人は日本の祭りというものについての知識や情報が薄かったので、どんなものに興味を持ってもらえるのか分らず全くの手探り状態で準備を進めた。加えて、竹島や教科書問題などで日韓関係が政治的に揺らいだこともあって、"本当に大丈夫なのか"という心配の声も聞こえてきた。現地推進本部も無い知恵を絞り手探りの状態でプログラムを組み、当日を迎えた。

　ところが、晴天に恵まれた当日は、会場の大学路に五万人に及ぶ観衆が集まり日韓のおまつりを楽しんだのだ。特に最後の「日韓提灯フェスティバル」で、日本の「秋田竿灯」、「山鹿灯篭踊り」、「青森ねぷた」そして韓国の「能仁禅院釈迦像」が華やかにパレードすると大学路はやんやの喝采と拍手に包まれ、予想外の成功を収めることが出来、関係者一同胸をなでおろした。

「日韓友情年2005」実行委員会平山郁夫委員長と筆者

12.「日韓交流おまつり」

これに気をよくした主要幹部と現地推進本部長（SJC理事長）の私はこの「おまつり」を毎年続けたいと願った。しかし、2005年は両政府から全てに援助があったが、今後これをやるとしたら資金集めをどうするのか、足が出たときはいったい誰が責任を取るのか心配が先立ち誰もが尻込みをした。

そんな時に、韓国研究・哲学者の小倉紀蔵氏から次のような言葉が届けられた。"「韓流」や「ルックコリア」を通じて両国はインタラクティブな（相互作用する）関係を構築する時代になった。そして今や、両国は「イデオロギーの日韓関係」や「反発感情の日韓関係」ではなく、「クリエイティビティの日韓関係」に転換する絶好のチャンスを迎えたのだ"。これに励まされ、前を向いて進む決心がついたのだ。

（2）「クリエイティビティの日韓関係」に転換の絶好のチャンス

この言葉に刺激され、清水の舞台から飛び降りる覚悟で、2006年も同じ大学路で「日韓交流おまつり」を開くことにした。「おまつり」は前年よりも小規模になったものの、またもや見物人が喜んでくれて評判になり、こんどはそれだけでなく藩基文外交通商部長官（前国連事務総長）が、"韓国側も日本で同様の行事を開催したい"との考えを表明された。

こうなれば、2007年も開催ということになり、もはや誰も尻込みをしなくなった。更にありがたいことに、呉世勲市長が ソウルのど真ん中の市庁前広場と清渓川で開きたいという要望を認可してくれた。ソウル市庁前広場はとりわけ象徴的な場所だ。そこには今でも植民地時代に建てられたソウル市庁舎があり、かつてはそこから北にまっすぐ行けば歴史に影を落とす朝鮮総督府があったところだ。そのような場所で「日韓交流おまつり」をするとなるとどんなリスクが起こるか予知できなかった。それ故、日本在住の関係者か

109

らは"ソウルのど真ん中で日本の祭りを演じるのはリスクが高い、危なすぎる、やめた方がよい"という意見が強く、中止も検討した。しかし、推進本部のメンバーの気持ちは変わらず、心機一転、新しい祭を作ろうと意気込み、韓国語の「混ぜること」すなわち「ビビンバ」をコンセプトにしてこの年の記念行事、「朝鮮通信使400周年記念」にあたり行なわれた朝鮮通信使のパレードもプログラムに取り込んで開催した。

（3）「日韓交流おまつり」の特徴

「日韓交流おまつり」の特徴は国同士の交流のみならず、地方自治体、青少年など幅広い層での交流から成り立っていることだ。この「おまつり」を成功させる鍵は① 資金、② ボランティア活動（ノウハウ）、③「心」の３つがある。「おまつり」は事業であるからやはり資金の裏付けがないと開催できない。従って、主にSJCメンバー企業や韓国側企業に協賛の理解と支援をお願いしている。

　両国政府主導で始まったこの「おまつり」は、いまや両国のボランティア老若男女がひざを突き合わせ、口角泡を飛ばして議論し作り上げる「手作りのおまつり」となってきている。これらのプロセスが積み重なりノウハウとなって蓄積されてきている。

　更に、変えてよいものは変える、変えてはいけないものは変えない日本熟語の「不易流行」の強い心と、相手の立場に立って物ごとを思い、判断する韓国熟語の「易地思之（ヨクチサジ）」の思いやりの心を持ってこの「おまつり」を継続している。

　息の長いイベントに育てるためには、祭りを通じて培った交流の歴史的、社会的な位置付けにも取り組んだ。歴史的経緯を考えると、日本と韓国の文化交流とはいえ、韓国の首都・ソウルで日本の伝統文化を大々的に紹介することに複雑な思いを抱く韓国人も多い。そこでこのおまつりの意義を理解してもらうため、両国の学識経験者

12.「日韓交流おまつり」

日本経済新聞　2012年

文化

日韓つなぐ手作り祭り

◇国同士の波風超え人と心の懸け橋に◇

高杉 暢也

日本の伝統的な文化を紹介して市民が交流する「日韓交流おまつり」が10月で8年目のイベントを終えた。8月に李明博大統領が竹島（韓国名・独島）に上陸。さらに韓国宮内庁と沖縄県の友情横綱・竹島（韓国名・独島）をめぐる日中交渉行事が中止になる中、韓国宮内庁と沖縄県の友情横綱年を記念した日韓友情祭りを東京でも盛大に。ソウルでのソウル・ジャパン・クラブ（SJC）、日本商工クラブ理事長を務めて7年目。今年も実行委員長としてソウルでの「おまつり」を立ち上げた。「福島県立磐城高校」では福島県立磐城工業高校の「福島太鼓」などを招聘。沖縄県の「エイサー」も加わり、和服体験コーナーは大変な熱気にあふれ、会場は「おまつり」ブースコーナーに順番待ちの長蛇の列。約4万人が足を運んだ。

政府主導から草の根へ

「日韓交流おまつり」は2005年、日韓国交正常化40周年を記念した日韓友情年事業の一つとして始まった。私は当時、韓国富士ゼロックス会長でソウル・ジャパン・クラブ（SJC）の理事。人会（会）では「おまつり」も年々盛大になり、深く印象に残っている。

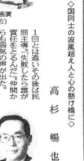
日韓の伝統楽器の競演も（10月、ソウル市）

歴史教科書をめぐって日韓の国家関係はぎくしゃくしていた。友情年間中行事でもサッカー交流が中止。NHK交響楽団の韓国公演は翌年に延期になったほど、懸念を募りつつ「おまつり」は進行したが、意外と言うべきか多くの方々が集まり好評を博した。「来年もやろう」と気持ちをよくした我々は翌年も、次年も開催を続けた。複雑な思いを抱く韓国人もいたため、日韓の学識経験者にも参加してもらい、成果も披露しつつ、時だからこそ交流行事は続けるべきだ」と交流委員長だった金容雲先生が体を押してくれた。

1回目とは違い、その後は民間主導で「失敗したら誰が責任をとるんだ」と仲間からも弱気の声が出た。一念発起し、事業を通じて知り合った日韓の企業人らに協力を要請。面白いと出演・人材派遣の協力を申し出てくれた。資金や人材派遣の協力を呼びかけるメールは毎年数百通。ノウハウもない中、なかでも緊張した

ままボランティア中心で取り組んできたが、何と（当時）の従軍慰安婦発言に韓国側のムギョプサル会長も「サミュニケーションを深めて」とボランティアを続けてきた理由だ。韓国側との思いを強くした。20日々のコミュニケーションや労使関係のを開くようになった。思えば私自身、好んで「おまつり」を通じて市場経済研究委員の一人に指名されたが、受諾してオレなんだよ」と涙さえ流した。だに赴任してみるとやりがいのある仕事だった。1998年、アジア通貨危機で韓国経営危機に陥った富士ゼロックスの韓国法人で外国人初の社長に指名されたが、大統領諮問経済諮問委員の一人に指名された。韓国にとって重要な国だが、日本で経営を再建するために送り込まれた。辞令を受けたときは「何でオレなんだよ」と涙さえ流した。だに赴任してみるとやりがいのある仕事だった。

三現主義を再現するために心がけたのは「三現主義」。現実・現場・現物主義だ。現場で業績を回復した。国家関係が悪化していく中でも「おまつり」を灯台の光のように日本にとって重要な韓国は日本が共有する価値を共有する日本にとって重要な存在であり、本にとっても大切な国だ。国家関係が悪化していく中でも「おまつり」を灯台の光のように日本のもんだと気を緩めずべき方向を照らす存在として、今後も定着させるべく、今後も定着させるべく、今後も大切にしていきたい。

たかすぎ・のぶや＝元韓国富士ゼロックス会長

焼き肉」と瞬時でコミュニケーションを深めて「サムギョプサル会長」と呼ばれた。日本式のマーケティングや労使関係の改善で業績を回復した。

03年には日本企業人で初の大統領諮問経済諮問委員の一人に指名された。韓国にとって重要な国だが、日本にとっても大切な国だ。国家関係が悪化していく中でも「おまつり」を灯台の光のように日本のもんだと気を緩めずべき方向を照らす存在として、今後も定着させるべく、今後も大切にしていきたい。

にも参加してもらい『お祭りと祝祭が出会う時』（小倉紀蔵・金容雲監修　河出書房新社）というタイトルで本を出版した。

世界のグローバル化、ボーダレス化が加速している中、日韓両国は民主主義、市場経済主義、類似の文化を共有するパートナーである。両国の間にどんな悪天候があっても常に進むべき方向を教えてくれる灯台の光のような日韓友好のシンボルとしてこの「日韓交流おまつり」を育て、両国の若者に引き継いで、今後100年以上続けていくことを願っている。

(4)「日韓交流おまつり」の推移

2016年で12回目をむかえる「日韓交流おまつり」の推移について年度ごとに詳細に紹介したいところだが紙面の関係で、各年度の事業報告書からポイントのみを抜粋して紹介してみる。

● 3年目の2007年はSJC会員を核とする熱意あるボランティアが主導して（日本大使館の支援のもと）思い通りの「おまつり」を作ろうと意気込み、日韓両国人のコラボレーション、即ち、"ビビン状態の「おまつり」"を想定し、朝鮮通信使400周年の記念パレード行事をも取り込んだ。

● 2008年は日韓が未来志向の関係へと踏み出した「1998年の共同宣言」から丁度10年にあたる節目の年だった。竹島（独島）問

題や教科書問題などが起こり、加えて米国牛肉輸入問題で李明博大統領への反発デモもあり、市庁前広場がデモ隊に7月近くまで占拠され開催が危ぶまれた。しかし、"こんな時だからこそ開催すべきだ"とのボランティアからの声が高まり開催に漕ぎ着けた。

● 2009年は東京とソウルでの同時開催という歴史的なイベントになった。その後、東京とソウルで歩調を合わせ毎年開催している。

● 2010年は「日韓併合100周年」という歴史的な年であった。渡来人に端を発する宮崎県南郷地方で1300年続く「師走祭り」をソウルに招聘、韓国側も1300年ぶりの帰郷を「マジハダとプリハダ（歓迎と和解）」で迎えるという趣向をこらした演出プログラムで成功裏に再現できた。

● 2011年は3月11日の東日本大震災により「おまつり」の中止も考えられたが、多くの方々から"小規模でもやるべし"との励ましの声援が寄せられ開催に踏み切った。また、この大震災に対して韓国がいち早く救助隊や救援物資、義捐金などの暖かい手を差し伸べてくれた。

● 2012年は前年の東日本大震災の復興に頑張っている日本をアピールする気持ちから「元気な日本と韓国」というテーマで開催した。

　しかし、2012年夏に李明博大統領が竹島（独島）に上陸して以来、日韓関係は冷え込んできた。

● 2013年は日本では安倍政権が、韓国では朴槿恵政権が誕生し、新しい芽生えが期待された。テーマを「めばえる希望、未来へ」

113

として開催。

● 2014 年に入っても安倍首相、朴槿恵大統領の首脳会談もままならず、日韓関係は戦後最悪の状況が続いていた。加えてこの 4 月に起きたセウォル号事件は、韓国人を悲嘆の底に落すばかりではなく、韓国経済にも大きな影響を与えた。
10 回も続けてきたこのおまつりに夢を膨らませ、テーマを「おまつり 10 年、夢のせて」として開催した。

● 2015 年は「日韓国交正常化 50 周年」記念にあたる特別の年にも拘わらず安倍・朴首脳会談も未だ開催されず、政治・外交面において不透明な状況が続いていた。10 年前の 40 周年記念の時と比べるとまことに悲惨な状態にあった。

　ここで、2015年度の第11回「日韓交流おまつり」の総評から抜粋して紹介しよう。

　この「おまつり」の心である「不易流行」と「易地思之」の精神をベースに、「国交正常化50周年記念」に相応しいプログラムにするべく企画にとり組んだ。地方自治体交流、青少年交流、衣類、食類、遊戯類などの各種文化交流をたくさん盛り込んだ。10年前の40周年記念時のシンボルマークとスローガンを参考にした。両政府の公式スローガン「共に開こう　新たな未来を」を「おまつり」のスローガンに採用した。

　第一日目の舞台公演・パレードは澄み切った秋晴れの下、新村・延世路で行った。
　ハイライトは朝鮮通信使のパレード。朝鮮通信使は室町時代から江戸時代に朝鮮王国から日本に送られた外交使節団で、そこに流れ

114

12.「日韓交流おまつり」

朝鮮通信使のパレード

る精神は儒学者・雨森芳洲の説く「誠信交隣」、即ち、「欺かず、争わず、お互いが誠意をもって交わる」というまさに国際外交の基本理念とも言うべき精神である。

今日の両国の政治・外交に携わる方々に、是非、この精神で両国の関係を改善発展させていただきたいと願って企画したのだ。

9月20日（日）COEX展示場での公演
第1部の「公式行事」はソウル日本人学校とソウル市少年少女合唱団による「日韓国交正常化50周年」祝賀公演でスタート。未来を担う両国の少年少女たちが混じり合い演じる歌や踊りは見るものに感動と勇気を与えた。朴三求実行委員長（錦湖アシアナグループ会長）の挨拶や尹炳世外交部長官、別所駐韓大使の祝辞などの後、記念特別公演として「Hidano Super Taiko Group & アマドイ・ジャラムバンド」が賑やかに日韓混合のパフォーマンスを演じた。

フィナーレのビビンバ状態の中、輪の中で踊る別所大使と朴三求実行委員長

　第2部「共に開こう」では、地方自治体交流、青少年交流のプログラムが繰り広げられた。青少年交流では、日本からは日野高校の「荒神神楽」、日本航空高校の「太鼓」、梅花女子大の「チアーリーデイング」、韓国からは「祥明ハンオルム舞踊団」、「ワイズバレエ団」、「ドラムラインＲＩＭ」の若さあふれる演技が繰り広げられた。地方自治体交流では、日本からは下関の貴重な伝統文化「下関平家踊り」、沖縄市照屋青年会に伝わる「照屋エイサー」、荒田流宝声会「津軽手踊り」、名前の通りアジア圏を中心に躍動するよさこいチーム「躍動」、「桜雪Ma－u」、「紅葉連」が、そして韓国からは済州特別自治道立舞踊団による「伝統の舞踊」が力強いパフォーマンスを見せた。最後は日韓共演の「はなこりあ」が仲良く舞い踊った。

　第3部「新たな未来を」では、「日韓国交正常化50周年」特別公演として「Ｊ－ＰＯＰ，Ｋ－ＰＯＰスペシャルコンサート」を開催。日本から指田郁也、韓国からEpik Highを招待、当代人気の両国の特別

12.「日韓交流おまつり」

ゲストに会場の若者からは興奮の渦が湧き上がった。

　フィナーレ公演＜共に開こう新たな未来を＞では、金徳洙さんの演出により、創価ルネサンスバンガードの豪華で華麗なバンド演奏に会場は一気に盛り上がった。続く「カンガンスルレ」、ハンウルリム「演戯団踊り」、SJCメンバーによる「よさこいアリラン」、加えて、エレクトリック・サムルノリでまさにビビンバ状態となり、会場は興奮の渦に巻き込まれた。交流の歓喜は会場いっぱいに響き、両国の老若男女があたかもサクラとムクゲが咲き競うように踊り続けていた。

(5)「たかがまつり、されどまつり」

　2014年は尹炳世外交部長官が「おまつり見物」という気楽な気持ちで非公式におまつり会場を訪れた。突然の出来ごとに韓国メディ

尹炳世外務部長官と握手する金徳洙氏

117

> ### ＜韓国外相＞駐韓大使と会談　対日柔軟姿勢アピールか
> 毎日新聞 9月14日(日)22時1分配信
>
>
>
> 【ソウル澤田克己】韓国の尹炳世（ユン・ビョンセ）外相は１４日、ソウルの国際展示場で開かれた「日韓交流おまつり」を訪れ、両国の太鼓の協演などを鑑賞した。その後、会場にいた別所浩郎駐韓大使と別室で会談し、来年の国交正常化５０周年へ向けて交流や対話を進めていくことの重要性で一致した。尹外相と別所大使の面談は、昨年２月の朴槿恵（パク・クネ）政権発足後、初めて。
>
> 日韓交流おまつりの会場で、韓国の尹炳世外相（手前右）と言葉を交わす別所浩郎大使（同左）＝韓国・ソウルで2014年9月14日午後0時48分、小川昌宏撮影
>
> 韓国では最近、朴政権による強硬一辺倒の対日政策への批判が出ている。尹外相はこれを意識し、文化行事の場を利用し前向きな姿勢をアピールしようとしたようだ。会談は、昨年４月に予定されたが、麻生太郎副総理の靖国神社参拝に韓国側が反発し、取り消されたままになっていた。
>
> 尹外相は記者団に「文化というのは両国民間の心を開かせる。そうした重要な行事だということを確認した」と語り、文化交流や経済協力は積極的に進めていく考えを表明した。
>
> 日韓両国の伝統文化やポップカルチャーを紹介する「おまつり」は、国交正常化４０周年を記念し２００５年に開始。ソウル開催は今年で１０回目で、約５万人の市民が公演などを楽しんだ。日本でも、今月２７、２８日に東京・日比谷公園で開かれる。

アのみならず我々も大変驚かされた。更に驚くことに朴槿恵政権誕生後、両国の外交首脳同士が2年近く面会したこともなく、この時が別所駐韓大使が韓国に赴任以来の初対面であったのだ。翌2015年９月の「おまつり」には今度は尹炳世外交部長官が公式に出席され、祝辞まで述べられた。その影響もあったのだろうか政治・外交的雰囲気も急激に良くなり、11月には「朴・安倍首脳会談」が初めて開かれた。そして、年末も押し迫った12月28日に慰安婦問題の合意に至ったのだ。この日韓最大の文化イベントの「日韓交流おまつり」

が両国の友好親善促進に大きく寄与したものと考えている。まさに「たかがおまつり、されどおまつり」である。

（6）岸田外務大臣賞受賞

「日韓国交正常化50周年」記念の2015年度に、永年携わってきた日韓友好親善活動、特に「日韓交流おまつり」の推進活動により、日本政府岸田外務大臣から賞を授与された。「日韓交流おまつり」は両国市民のボランティア活動に支えられている。従って、この栄誉ある賞は私一人に与えられたのではなく、おまつりに携わった全員に代わって私が授与されたものと理解している。

外務大臣賞受賞に際して、日本の「祭り」と韓国の「祝祭」との絶ゆることない交流を念じる私の気持ちを短歌にしたためた。

　　　　　　願はくは争いのなき国となれ
　　　　まつり（祭り）とまつり（祝祭）絶ゆることなし
　　　　　　　　　　　　　　　　　　　　　　　　（2015.9.4）

別所全権日本大使と日韓両国関係者との外務大臣受賞記念写真（駐韓日大使館にて）

13. 民間市民交流

（1）地方自治体交流

　日本の自治体と韓国の自治体とが交流をするサポート機関、即ち自治体国際化協会（CLAIR）が中心となって交流活動を推進している。
　例えば、2013年に「日韓地方観光交流元年」として日韓交流人口700万人を目指して地方観光交流の拡大活動を開始。また、奈良市と慶州市は1970年4月に姉妹都市の締結をし、その活動は文化交流、スポーツ交流、行政交流、学校交流など多岐にわたる活動が行われており良いモデルとなっている。

　両国の姉妹都市数は今や160を数える（2016.1.31現在）。

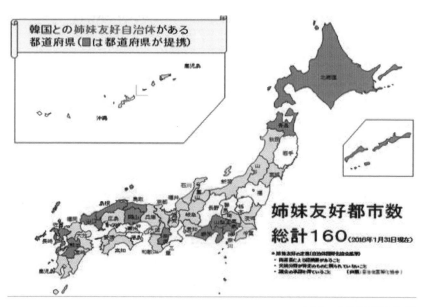

（出典：自治体国際化協会）

（2）日韓青少年交流

　日韓（韓日）経済協会では日韓青少年交流事業として2004年から「日韓高校生交流キャンプ」を始めて、今年で22回目となる。これ迄延べ2,058人が参加した。そしてこの「日韓高校生交流キャンプ」のOB/OGにより2006年に結成されたJKSFF（Japan Korea Students Future Forum）/ KJSFF（Korea Japan Students Future Forum）が主催して「日韓学生未来会議」が開催されて昨年で10回目を迎えた。

　サッカー、野球、柔道、剣道、アイスホッケーなどのスポーツ交流は頻繁に行われている。

（出典：日韓経済協会）

「日韓高校生交流キャンプ」について私の参加記録（2006年度）を記してみる。

日韓経済協会と韓日経済協会は、1985年から20年間支援を続けてきた「大学生交流」に替え、2004年1月から「高校生交流キャンプ」を開催しています。
「高校生交流キャンプ」の狙いは（1）未来志向の日韓関係構築の基礎として若者の人的交流促進を図る、（2）共同作業を通じて、双方の違いと共通点を自らの経験により認識する、（3）互いの良い点を1つでも多く見つけ、物事を多面的に捉えることを学ぶ、（4）国境を越えて同年代の若者同士が真の友情を育むことにあるとされています。

　さる8月4日から8日まで第7回「日韓高校生交流キャンプ」がソウルのラマダ・ソウル・ホテルで開催され、小生は4日目に行われる事業発表の審査および講評委員として招かれ、参加の機会を得ました。今回の参加者は日本側38名（男15、女23）、韓国側49名（男24、女25）合計の87名でした。近年、女性の活躍が目立ってきていますが女性優位がここでも見られました。

　両国ミックスで9チームに編成されて事業企画立案、発表をするのですが、そのスケジュールはかなり過酷なものに思えました。
　到着した日の晩にすぐ、事業アイテムを論議して決め、翌日は朝から市場調査に入り、その日の内に市場調査結果のまとめをしなくてはならないのです。3日目の午前中に事業戦略を立案し、午後には発表準備に取り掛かり、次の4日目の午前中には発表すると言うスケジュールは相当ハードで若さ無くしてはできないものです。

　発表された9つの事業を大別すると観光ビジネスが5つ。その他に、食品ビジネス、ファッションビジネスと言う普遍的なもの以外に、目を引いたのは社会福祉事業、農業サポート事業など現在の日韓両国が抱える社会問題に取り組むビジネスも発表され、審査委員

も若者の鋭い感覚に驚嘆させられました。審査はビジネス評価とチーム行動（プレゼンティーション）評価を基準に行いましたが、重要なポイントは日韓の特徴や文化を融合していること、かつ独創的であることに置かれています。

　過酷なスケジュールで発表前の晩は殆ど徹夜で準備をしたにも拘わらず、各チームともプラカードはもとより、寸劇や手品のパフォーマンスなどの工夫を取り入れ、チームワークのよさを披露してセールスポイントをアッピールしました。正直な話、各チームとも日韓の特徴や文化をよく融合させたビジネスを企画し、プレゼンティーションでも独創性を発揮していましたので甲乙つけがたく審査も大変苦労しました。

　優勝は「BREAK-THE-WALL-PROGRAM」と言う、今日、内に閉じこもり、社会性を失っているパソコン、ゲーム中毒者を如何に社会に復帰させるかという社会福祉事業に取り組んだ「セノア」チームでした。

　両国が抱える現在の社会問題＝パソコン、ゲーム中毒者を如何に社会に復帰させるかという着眼点が良かったことと、事業の中味もインターネット相談サービスを始め、社会復帰を目指す具体的なプログラムを盛り込んだレインボーキャンプ、そしてコスト計算などの提案は高校生とは思えない程のきめの細かさで全審査員一致の優勝評価でした。

　審査員特別賞は「IIWA」チームの「陶磁器体験　伝統Cafe」で、きめ細かい市場調査と分析により、健康に配慮した商品（Cafe）と両国の伝統を活用した陶磁器（Ceramic）の活用で「東洋のStar Bucks」を狙った思考が高い評価を得、審査員特別賞に繋がりました。

朝9時から午後4時までの審査に参加しただけでしたが多くのことを学びました。

　先ず、この「日韓高校生交流キャンプ」は単なる物見遊山のプログラムでなく、上述のような狙いを、ビジネスとして企画、立案すると言うアカデミック、かつプラグマティクなプロセスを通じて体験すると言うプログラムです。これは小生の下衆の勘繰りですが、ビジネス経験のない高校生にとってはこの短い期間でそんなことができるのだろうかと言う不安があったのではないかと思いました。

　しかし、今回参加して、
（1）参加した高校生は決して選考で選ばれたのでなく、ボランティアで希望した高校生ですが、この4日間と言う短い時間の中でビジネスの種を探し、それを企画、立案できると言うことを実証したこと。
（2）企画、立案したビジネスの精度は粗いものの、市場調査、分析を通じ、商品、価格、プロモーション、採算性などビジネス要素項目を網羅していること。
（3）企画、立案したビジネスを人前で理解を得る工夫をしてプレゼンティーションしたこと。
　などを目のあたりにして、アナログ叔父さんの下種の勘繰りは杞憂に終わりました。

　勿論、当初は試行錯誤で推進され、多くの失敗と経験を元にここまでプログラムを立ち上げてきたのではないかと推察しますが、併せて、デジタル時代の高校生の多様な知識、行動力には驚きと同時に日韓両国への未来に明るい希望が持てることを確信しました。

　折角、ここまで立ち上げたこのすばらしいプログラムを更にもう一歩前に進めて、これらのビジネスが発表のまま終わるのではなく、

実現化に向けての支援をすることが両協会に求められる新たな役割ではないかと思いました。加えて、いくつかのチームのSWOT分析に、「両国が持つ相手国への偏見」がビジネスのリスクであると強調されていました。現実の問題であることには違いありませんが、彼らにとっては大変複雑な、悲しい指摘だったと思います。最後の審査の結果発表及び講評の時、この問題をあなた方若い世代で解決して欲しいとコメントしましたが、次代を担うこれら若い高校生にこのような障害を取り除き、大きな夢を与えるのが我々の世代の役割ではないかと痛く感じました。

　このキャンプを通して、国境を越えて同年代の若者同士が真の友情を育む強い絆を築いたと思います。今回を含めこれまで700人に上る両国の高校生の絆が築かれました。更にこの絆が広がっていくことを願って止みません。

　このような企画を立案、推進した瀬戸前会長はじめ両協会のスタッフのご尽力に敬意を表すると同時に、微力ながら貢献できたことを光栄に思います。

14. 「似て非なる国」での文化・習慣

「似て非なる国」と言われる隣国・韓国で経営や生活をしてみると
やはり文化や習慣の違いを感じざるを得ない。中にはカルチャーシ
ョックを受けることもある。いくつか紹介してみよう。

（1）小学校校長がリベートを要求

　いずこの世界も販売競争は激しい。弊社のセールスマンが彼と同
郷の小学校の校長先生の縁を頼りに、その小学校と複写機の設置契
約をした。すると校長先生が恥も外分も無くお金を求めてきたのだ。
"私が努力してゼロックスの機械を設置契約してあげたのだからそ
の努力を認めて何がしの報酬をくれ"と言うのだ。既に富士ゼロッ
クスのコンプライアンス誓約書に署名をしているセールスマンは当
然の如くお断りした。すると校長はそれなら競合会社の複写機に変
更するというのだ。

　その校長先生は自分の懐に入れるのではなく、部下の先生たちと
一杯やるときの軍資金とするのだそうだ……"郷に入っては郷に従
え"である。15年前の実話であるが、今でも垣間見られる韓国の特
性である。

（2）偽物の横行とオンブズマンシステム

　400社に及ぶ代理店はその規模、専門性により戦略代理店、精鋭
代理店、一般代理店と層別して代理店契約をしてはいるものの、中
には質の悪い代理店も散見された。

　ある代理店が中古の偽物のトナーに「XEROX」の商標を付けて、
正統の商品として、ある学院（日本でいう予備校）に販売していた。
やがてお客様（学院）にそれが偽物と発覚されてしまった。勿論、

韓国富士ゼロックスはそのような教育や指導はしておらず、代理店が勝手に偽物を高く売って儲けようとした商行為であった。当然、お客様は憤慨し、代理店ではなく韓国富士ゼロックスにクレームをつけてきた。被害相当額の3倍の弁償金のみならず"新聞に謝罪広告を出せ"と言うきつい要求であった。そして学院の学生をして「韓国富士ゼロックスは不当な商行為を行っている」というアンチゼロックスメールを拡散し続けたのだ。当方が誠意をもって謝罪をしても聞く耳を持たず、これ見よがしとばかりに多くの学生を活用してアンチメールを打ち続けたのである。当時、KOTRA（韓国貿易公社）に新設されたオンブズマンの金完淳博士に仲裁に入ってもらいようやく解決した苦い経験がある。

　この事件から当時の韓国の状況が読み取れる。①商標権の乱用など代理店の質の悪さ、②中古品、類似品などの横行、③日本より先行するインターネットの発達、④アンチゼロックス　イコール　アンチ日本の国民感情、⑤日本より先行するオンブズマンシステムの定着などである。

（3）"日本の資本主義が札束で労働者のほっぺたを引っぱたく行為　は許せない"

　2003年の晩秋に、ある日韓合弁企業労働組合が日韓連合で、SJCが韓国政府に建議した隘路事項の１つである「労使問題改善」に対して抗議を続けた。SJCビル前で"SJC理事長の妄言を撤回せよ"、"日本の帝国資本主義が札束で労働者のほっぺたを引っぱたく行為は許せない"とデモをし、書面での回答を求めてきた。何日か嫌がらせの電話もかかり、録音機を備えて対応した。又、通勤時の経路を変更したりもした。更に、弊社東京本社まで押しかけて行ったことには驚いた。置手紙に回答するかどうかは大変悩んだが、大使館スタッフ、SJC幹部と何回も対策を検討し、"回答せず"という適

切な対応の結果、事なきを得た。"日本の帝国資本主義"とは時代錯誤も甚だしいが、今でもことあるごとに「日本人の妄言」が韓国のマスコミをにぎわす。

（4）「これがサムスンのサービス」

　2009年に再開発目覚ましい新龍山地区の高層32階建てアパートに引っ越した。全くの新築で快適な間取りであった。6月初め、初夏の到来とともに気温が上がりエアコンが必要になった。モダンナイズされた部屋の天井にはサムスンのエアコンが取り付けられていた。暑さを凌ぐためにエアコンのリモコンボタンを押した。すると新鮮なエアでなく、突如として水が落ちてきたのだ。欠陥品である。すぐさま管理室に電話をして事の委細を説明した。30分ほどしてサービスマンがすっ飛んできた。そして1時間ほどかけて修理を終えた。帰り際、お客に迷惑をかけたと謝るわけでもなく「これがサムスンのサービスです」と言って平然として帰った。考えさせられた。
　日本では品質第一を合言葉にお客様に満足の行く商品を限りなく追求する。従って、時間もコストもかかる。サムスンはパリパリでもの作りをして、いち早くデザインのよい商品をお客に届ける。万が一、商品に欠陥があった場合は、すぐ修理するか、取り換えるマーケティングなのだ。「品質コスト」と「サービスコスト」、どちらに重点を置くべきか……考えさせられた。新興国市場ではサムスン式マーケティングで十分であろう。日本の経営者も技術者も欧米ばかりでなく新興国の顧客の声を十分聞いてもの作りをすべきと考える。

（5）"何故、俺たちにはチケットをくれないのか"

　2002年の日韓サッカーワールドカップ開催時、富士ゼロックスは

14.「似て非なる国」での 文化・習慣

公式スポンサーであった。ワールドカップ事務局から配分された観戦チケットの9割ぐらいを優先的にお客様に差し上げた。「顧客第一」をモットーとすることから当然の行為だが、組合からは"何故、お客さまにあげて俺たちにはくれないのか"と凄い剣幕のクレームが出た。

　韓国では未だに旧正月や 旧盆（秋夕）に社員（労働組合員）に生活用品などの贈り物をする習慣が残っている。その解決策として、その年の秋夕（チュソク）に"何が欲しいのか"のアンケートをとったところ、マウンテンバイクという要望が一番多かった。これには驚いたが、「これはチームゼロックス号車だ、前輪が経営者、後輪が労働組合、両輪がうまく回らないと会社は前進することができない」というメッセージをつけて清水の舞台から飛び降りる覚悟で1,200名の社員全員に贈った。「顧客第一」より「社員第一」の社会なのである。しかし、結果的には社員満足度は上がり労使関係は改善した。

（6）日本人学校の児童が不審な韓国人に斧で頭部を殴られた

　2004年の１月、日本人学校に不審な韓国人が侵入し、児童が斧で頭部を殴られた。幸い軽い怪我ですんだことは不幸中の幸いだったが、怪我をさせられた児童の精神的ショックやご家族、駐韓日本人への不安は大きなものがあった。加害者には政治的な背景はないということだったが、緊急動議で学校安全対策のための予算を追加し、防犯カメラの取り付け等安全対策の強化をした。これは日本に対する陰湿な嫌がらせであるが、幸い最近はこの手の事件はなくなってきた。

（7）爆弾酒とその効果

　我々、日本人はウイスキーや焼酎を水で割って飲む習慣があるが、韓国人はお酒をストレートで飲むのが一般的だ。ただ韓国にもウイスキーやビールで割る爆弾酒というものがある。

　爆弾酒が始まったのは米国ということが定説であるが、韓国には100年前マッコリに焼酎一杯を混ぜて飲む「混沌酒」または「自中紅」と呼ばれる酒があったようだ。今の形の爆弾酒が韓国にはじめて登場したのは1980年代前半だと言われている。その背景には高級酒のウイスキーの普及と、軍人、政治家、高級官僚、企業幹部らが爆弾酒をやることで自らの社会的パワーを確認する風潮が起こったからだと言われているが、今ではすっかり韓国の名物となっている。

　爆弾酒にはいろんな種類がある。ビールの入ったコップにウイスキーを注いだ小さなショットグラスを落としこみ、そのまま一気飲みするというのが基本であるが、一説によると、数十種類の方法があると言う。代表的なものは「竜巻酒」や「タイタニック酒」だが、ウイスキーとビールを反対にすると「水爆酒」と言い、ワインを混ぜると「ドラキュアー酒」と際限がない。

　韓国の親しい友人が爆弾酒の７つの効果を教えてくれた。先ず①経済的効果……　爆弾酒を回せば酒の席が早く終わるだけでなく、つまみの費用も節約される。②友情の和を作る……　爆弾酒を飲んだ後、盃を振って声を出せば皆拍手しながら集い、友情の和の雰囲気を作ることが出来る。③民主的……　身分の上下を問わず皆に公平に回る。④健康に良い……　40度以上のきつい酒をそのまま飲む場合、食道を過度に刺激して炎症を起こすが爆弾酒はこういう危険から守ってくれる。⑤弱者を救済する……　業務上接待する人は弱者の境遇で、相手方より多く酒を飲むことになるが、このような時、

130

爆弾酒は良い防御手段になる。⑥雰囲気を良くする……爆弾酒は
ひんやりとした雰囲気を和ますことができる。最後に⑦エンターテイ
メント……爆弾酒を作る方法は数十種類があり、その過程を楽
しめば一つの遊びでエンターテイメントになる。名前は恐いが効果
は大きい。

（8）似て非なる文化、習慣

　クリスマスが終わり新年を迎えても街のイルミネーションが華や
かに輝いている姿は、欧米では普通に見られる光景だが、韓国でも
同じ様な姿が見られるのは、日本人にとっては興味深い。正月を旧
暦で祝うため、クリスマスを過ぎても正月の準備に移らないのだ。

　旧暦で祝う韓国の正月は日本とは少し趣を変えている。「チェサ
（祭祀）」という法事、「ソンミョ（省墓）」なる墓参り、「セベ（歳拝）」
という正月の挨拶などの儀式は「先祖崇拝」や「孝」の儒教思想に
基づく韓国独自の習慣だ。上座に座った祖父母や両親らに対して真
面目に両膝をつき、お辞儀をして挨拶をする「セベ（歳拝）」は親
を敬う良い作法だ。３〜40年前まで日本にもあった習慣だが、残
念ながら今ではあまり見掛けない。「セベ（歳拝）」の後にもらえる
「セベトン（歳金）」は日本でいう「お年玉」で子供にとってはうれ
しい贈り物だ。

　正月に欠かせない料理メニューは「トック」と呼ばれる餅入りス
ープで、日本のお雑煮。これを食べると一歳年をとる（数え歳）と
言われている。正月の遊びの「ノルティギ」と呼ばれる板飛びや「ユ
ンノリ」と言われるすごろくに似た遊びは韓国独特のものだが、凧
揚げやコマまわしなどは日本と変らない。もっとも今は日本と同様、
家の中でコンピューターゲームなどに熱中していて、元気に外で遊
ぶ子供の姿を目にしなくなってきた。

（9）犬を食べる韓国人と馬を食べる日本人──食文化の違い

　日韓とも類似した地理的環境から、食材は米、麦を中心とした穀物と野菜、山菜に加え、魚介類、海藻類がその材料に使われてきた。刺身や寿司のように海産物を生食する習慣は日本の特徴であったが最近、韓国でも刺し身や寿司を美味しく食べることのできる日本レストランが増えてきている。両国とも肉食は近代に入ってからのものであろう。

　韓国では陰陽五行の思想にのっとり、五味（甘、辛、酸、苦、塩）五色（赤、緑、黄、白、黒）五法（焼く、煮る、蒸す、炒める、生）をバランスよく献立に取り入れることを良しとしている。料理の食膳には全ての料理が一度に出されることが大きな特徴だ。ご飯も汁物も匙で食べることが多く、ご飯を汁物にひたしたり、混ぜたりして食べるのが普通だ。韓国料理の原点は「混ぜる、即ち、ビビン」である。
　また、客人として招かれた時などは、完食せずに残して「十分な量が振舞われた」ことを示すことが美徳とされているようだが、我々日本人から見ると"なんともったいないことか"と思う。レストランなどで"この残り物を隣国でひもじい思いをしている人民にあげたらどんなにか喜ばれるだろうか"といつも感じている。もっとも最近では、この残す文化に警鐘をならすようになってきている。韓国料理は宮廷料理と庶民料理に大別される。

　韓国では犬を食べる習慣があるが日本にはない。逆に、日本では馬を食べる習慣があるが韓国にはない。両国の文化の違いでお互いにこのことを非難することではない。

15. 韓国の強み

　パートナーとしての韓国の強みについてコメントしてみたい。

　少子高齢化は両国共通の課題であるが、今日現在、韓国には（１）豊富なグローバル人材がある。また、（２）韓国の国民性とも言える変化への適応能力（ダイナミズム）は日本より大きい。それは産業競争力にも見られる．加えて、日韓の境界が曖昧化して（３）ハイブリッド（異種混成）化してきている。競争と共生が求められているのである。

（１）豊富なグローバル人材

　今後、世界化や開放に対する挑戦で韓国は日本よりはるかに速く広い範囲へとその差を広げていく可能性を持っている。

　韓国人は高校を卒業すると約80％が大学に進学する。それは「国が狭いから海外に進出せざるを得ない」宿命的な理由や、「他の人より学歴で差別化（箔を付ける）しよう」と言う意識が強いからである。その結果、高学歴の若者（若年労働者）がたくさんいるということになる。

　それを裏付ける事象を私の知人で世界フォーラム理事長の金鎮炫さんの著「日本よりも先を行く韓国式世界化」から拝借して日本との比較を紹介してみる。少しデータは古いが、この傾向は続いている。

〈日本の海外留学生の現況〉

	1999年	2003年
	留学生数（%）	留学生数(%)
米国	42,719(64.9)	45,960(64.6)
中国	7,516(11.4)	6、949(9.8)
韓国	551(0.8)	721(1.0)
欧州	11,492(17.5)	12,671(17.8)
東南アジア	287(0.4)	500(0.7)
その他	3,219(4.9)	4,355(6.1)
合計(55カ国)	65,784(100.0)	71,156(100.0)

〈韓国の海外留学生の現況〉

	1999年	2003年
	留学生数(%)	留学生数(%)
米国	36,085(44.4)	51,519(43.2)
中国	13,326(16.4)	28,063(23.5)
日本	18,330(22.6)	19,062(16.0)
欧州	9,793(12.1)	12,547(10.5)
東南アジア	845(1.0)	1,681(1.4)
その他	2,816(3.5)	6,428(5.4)
合計(55カ国)	81,195(100.0)	119,330(100.0)

<出典：ユネスコ統計>

<特徴>

● 1999年以前、米国への留学は日本からの留学生が韓国からの留学生数を上回っていた。

● 2000年代に入ると各国への韓国留学生の数が日本を上回ってきている。

●中国、東南アジアにおいては韓国の方が3倍多くなっている。

●ニューヨーク、モスクワ、ベルリン、パリ、ローマ、ミラノ、ウイーンなどの音楽・ファッションデザイン系学院には圧倒的に韓国留学生がいる。

- 18、19 世紀西洋文化の吸収と東西文化の交流に伴い日本が翻訳と制度改良に大きな役割を果たしてきたが、21 世紀のアジアで世界文化を受容する触媒の役割は韓国に期待できる。韓国留学生の積極性、特に大学選択と将来に対する進取的態度は日本の学生と大きな違いが見られる。日本の青少年たちの老化、成就への動機の低下が進行中。
- クリスチャン・パックス・コリアナ志向の韓国キリスト教、日本と中国の間の地政学的要素、増加する海外留学生数、国内の開放体制などが韓国エリートたちに世界的リーダーシップを期待できる。
- 米国のアイビー・リーグ、英国のオックスブリッジ出身の米英エリートが導いてきた 20 世紀までの知性・政治的リーダーシップが 21 世紀には非アイビー・リーグ、非オックスブリッジ外国人エリートによるリーダーシップに転換。このことが韓国エリートの影響力を高める可能性が高い。
- 大学生の海外留学生だけでなく、1990 年代末以後急増した小・中・高校生の海外留学も大学と同じパターンである。

〈米国に留学する大学生の数（国別）〉

国家名	留学生数(人)
インド	80,466
中国	62,527
韓国	53,358
日本	42,215
カナダ	28,140

<出典：2005年国際教育協会（IIE）>

- 韓国は３位となっているが人口比から比較すると日本の５倍から20 倍の留学生数となる。
- ハーバード大学などアイビー・リーグ大学への留学生数は中国に次いで韓国が多い。

● 2009 年の日本人ハーバード大学新入生は 1600 人中たった 1 人。
（ドルー・ファースト学長談）
● 米国の大学で教鞭をとっている外国人教授数は 1 位の中国が
1 万 7 千人、2 位は韓国で 8,301 人。

〈中国に留学する留学生の数（日韓比較）〉

国家名	留学生数(人)						
	学部	博士	修士	専門大	小計	研修生	合計
韓国	12,467	695	1,203	99	14,464	29,153	43,617
日本	2,069	85	277	32	2,463	16,596	19,059

<出典：2004年度 中国教育部資料>

● 中国においても圧倒的に韓国人留学生数が多い
● それも学部、博士、修士、専門大の学位課程の留学生数が多い。

〈大学教授の留学経験の現況〉

	サンプル数	留学経験者
韓国	980	818(83.5%)
日本	325	75(23.1%)

<対象校> 韓国はソウル大学　　日本は東京大、京都大、早稲田大

● 韓国の方が圧倒的に留学経験者が多く、外国語での講義が可能。
● 高麗大学では既に 30％が英語による講義をしている。2010 年ま
でに 60％まで拡大の予定。
● 延世大学も 2010 年までに 50％に拡大予定。
● 韓国開発研究院（KDI）国際大学院では 100％英語講義

　下表の如く2011年度の資料によれば、米中における留学生数の差
は更に広がっている。

15. 韓国の強み

〈米中における日韓の留学生の数〉 (2011 年度)

	米国	中国
韓国	73,351	62,442
日本	21,290	17,961

(出典：IIE, 中国教育部)（単位：人）

次に韓国産業競争力の強みについて触れてみる。

（2）韓国産業競争力の強み

前述したように1997年のアジア通貨危機時の金大中大統領のFDI政策により、外国企業から人、モノ、カネ、技術が流入、韓国企業は競争力を飛躍的に発展させた。

その競争力は①グローバル経営力、②スピード経営力、③技術経営力（ＭＯＴ）が源泉となっている。

①グローバル経営力

韓国は日本に比べ自国市場が小さいが故に、常にグローバルネット経営を余儀なくされており、サプライチェーンマネジメント、市場戦略などは常にグローバルアプローチで取り組まなくてはならない。

②スピード経営力

アジア通貨危機以降、韓国企業の所有構造は多様化してきている。意思決定がオーナー個人ではなく経営トップ（チーム）によることが多くなってきているが、日本のボトムアップの意思決定に較べ、トップダウンのスピード経営は韓国の特徴である。また、株主構成も日本に比べ外国株主が多くなってきている。

③技術経営力（ＭＯＴ）

韓国では経営戦略の中心の事業戦略が決定されると、次の技術戦略は●Ｍ＆Ａに依るか、●外部からのライセンスに依るか、●自社

137

R&Dによるかを比較検討して決定される。日本企業では技術戦略が優先され、社内に技術蓄積があるかどうかで事業戦略が決定される傾向にある。

このような韓国企業の強みは次のようにまとめられる。

●トップダウンのプロセスと迅速な意思決定
●効果的なマーケティング活動と商品デザインの重視
●新興国市場への積極的進出
●技術力とブランド力の向上

以下、具体的に日韓の競争力の優位性を比較してみよう。
富士通総研の「日韓企業の優位性評価」に依れば、基礎技術力、製品開発力、品質力では日本企業が韓国企業を凌駕するものの、デザイン力、コスト力、販売力では韓国企業の方が優位にある。ただし、私の見るところ、リーマンショック以降世界のマーケットは様変わりした。これまで付加価値の高い商品が売れた欧米市場から、低コストで機能重点の中国、インド、ブラジル、ロシアなどのいわゆるBrics市場に代わったのである。

日本の経営者も技術者も自国の技術と商品を過信し、最高の技術と品質をもつ「Made in Japan」商品は世界中どこでも売れると感違いしている。
例えば、インドで冷蔵庫を売ろうとすれば、冷蔵庫に鍵がついてないと売れない。インドではメイドが勝手に冷蔵庫を開けるからだ。そういうマーケットニーズを理解しないでデザインや品質力が良ければ売れると思い込んでいる傾向がある。

このような事例は他にも沢山ある。

138

15. 韓国の強み

次の表は日韓企業の強みを項目別に表示したものである。

〈日韓企業の優位性評価〉（出展：富士通総研）

	基礎研究力	製品開発力	品質力	デザイン力	低コスト力	販売力
日本企業	◎	◎	◎	○	○	△
韓国企業	△	○	○	◎	◎	◎

（出典：富士通総研）

2009年度の博報堂の調査によれば、中国市場でもインド市場でも日本製品は 韓国製品に比べて高品質という点では圧倒的に強いがデザイン力による格好よさとか活力を感じるという点では劣勢となっている。

〈中国（上海・北京）市場の比較〉（単位％）

	日本製品	韓国製品	中国製品	米国製品	欧州製品
高品質	55.4	28.3	34.8	27.1	29.8
かっこいい	35.1	42.0	22.0	35.2	32.1
活力を感じる	34.1	38.1	48.1	37.1	35.8
コストパフォーマンス	13.3	24.3	44.4	12.7	12.3

〈インド（ムンバイ・デリー）市場の比較〉（単位％）

	日本製品	韓国製品	中国製品	米国製品	欧州製品
高品質	61.7	36.3	44.6	34.9	43.0
かっこいい	31.5	37.7	40.5	47.1	31.1
活力を感じる	45.7	38.0	41.9	43.2	35.7
コストパフォーマンス	30.4	32.1	41.2	31.3	35.5

（出典：博報堂）

商品開発は市場毎の顧客の声に十分に耳を傾け、顧客ニーズに合った開発をしなくてはならないことはいうまでもない。

（3）ハイブリッド（異種混成）化

　私が仁川工場閉鎖を本社より命じられた際、「日中韓の共生と競争」のモデルを創ったことは前述した。これは垂直分業のモデルだ。今、日韓で起きていることは工程間の水平的な分業である。サムスンのスマホにみられるように、一つの製品を作るためには多数の部品が必要になるが、安くてよい部品を日本から調達することにより、効率的に良い製品を作ることができる。サムスンは、日本の強みである質のよい「部品・素材」を最大限利用して工程分業を進め、自国産業の競争力の源泉としている。このように日韓の産業は競争だけでなく、補完的な共生の関係を構築しているのである。

　そして企業のネーミングの工夫などで世界化が進んでいるのも韓国企業の強みと言える。

　韓国は「SAMSUNG」や「LG」など英語名称が法定名称になっている大企業が多い。相対的イメージが西欧先進国や日本に較べて落ちるため、企業が自ら考えた世界化戦略である。「ラッキー金星」が「LG」（電子・化学・通信）となり、「LG」から分離した「GS」（精油・流通）、「LIG」（保険）、「LSI」（電線）、「EI」（液化石油ガス）となった。情報通信第1位、2位のグループの「鮮京」が「SK」に「韓国通信」が「KT」になった。韓国の代表的製鉄会社の「浦項製鉄」は「POSCO」になった。
　韓国企業の世界化戦略のもう一つは外国人株式保有率の高さだ。韓国証券市場の　外国人株式保有率は39.5％で日本の23.7％に比べて著しく高い。（出展：日本人に本当に伝えたいこと　金鎮炫　論創社）

＜終わりに＞

「開発から生産まで自社で抱える」日本型の事業モデルは、すでに時代遅れになってきている。グローバル化が加速している今日、国も企業も相互の協力なしに単独では物事の完結はできない。グローバル化とはそれぞれの国や市場の強みを活用することである。サムスンのスマホが良い例である。世界のマーケットのニーズに適合したスマホをいち早く供給できる「パリパリ（早く早く）経営」、しかし内蔵される部品素材はその多くが「Made in Japan」なのだ。

　民主主義、市場経済主義、類似の文化を共有する日韓両国は相互に競争し、協力しあってアジアでのイニシアティブをとっていかねばならない。その成功の鍵は、「日韓FTA」の早期締結であり、経済協力、就中、韓国の「強い小企業」と日本の「中小企業」の連携であることを強調したい。加えて、両国の強みを生かしながら第三国へビジネスを展開していくことが鍵となってくる。

　私が敬服する大来佐武郎元外務大臣は「アジア諸国は各々古い伝統と独自の文化を持っており強い自尊心もある。このような相手国の立場と感情を日本人が十分に認識し、理解し、互いに協力してアジア経済の発展を図るという姿勢が大切である。日本は真に信頼に値する国であるという信頼を形成すること（Confidence Building）が求められる」と喝破している。

　最近の日韓関係の大きな特徴は、指導者レベルでの「信頼崩壊」と市民レベルでの「意識共有」の併存にある。政治指導者間が信頼を回復し、領土や歴史的摩擦問題を最小限に抑制できれば、日韓関係の劇的な改善も不可能ではないだろう。

　下図に示されるように、日韓はアジアにおける２大先進産業国家

だ。国家の民間活力(一人当たりGDP)はアジアの中で群を抜いている。日韓両国が更なる補完的な協業を図っていくことが、韓国の民間活力即ち、一人当りGDPを更に日本に近づけるとともにアジア全体の発展に極めて重要と考える。

　政治・外交面以外、即ち、文化、経済、地方自治体、青少年、観光、スポーツなどの民間草の根交流活動は「隣の国はパートナー」の意識を否が応でも醸し出す。特に、民間文化交流の最大イベントとなってきた「日韓交流おまつり」の継続拡大は「隣の国はパートナー」認識拡大の鍵になる。私はこの「おまつり」を両国の若い世代に引き継ぎ、これから100年続けようと呼びかけている。「たかがおまつり、されどおまつり」である。
　やがて「おまつり」に代表される民間草の根交流活動と経済協力による民間活力向上があいまって政治・外交の指導者を動かし、「両国が真のパートナーになること」の必要性を悟る時代が来ることを確信している。

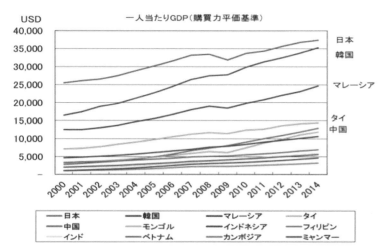

日韓はアジアにおける2大先進産業国家 (出典:みずほ銀行)

<あとがき>

<あとがき>

　1998年のアジア通貨危機時に、会社再建のために韓国に赴任して以来、19年の年月が流れた。幸い「ヒトとカスミとキムチ」を食って健康を維持し、75歳まで「隣の国はパートナー」になることを目指して日韓友好親善促進活動を続けることができた。今振り返ってみると、1年で赤字を黒字化し、増収増益を続け、労使紛争を解決し、金大中大統領賞を受賞し、やがて韓国におけるもっとも優秀な外資系企業と国から表彰されるに至った。そして日本商工会議所＆日本人会のソウル・ジャパン・クラブ（SJC）の理事長に三期連続で選出され、大統領の経済諮問委員を仰せつかった。ソウルジャパンクラブを米国商工会議所、EU（欧州）商工会議所に匹敵する商工会議所に位置づけすると同時に 大統領や韓国政府に厚顔無恥にもいろいろな意見やコメントを進言し続けてきた。

　それまで三等国と見下していた韓国が、徐々に国力を培い成長するにともない、「韓国は日本にとって重要なパートナーである」ことを悟った。残念ながら日本はバブル崩壊後、経済面で減速し「失われた20年」のレッテルを張られ、経済大国2位の地位を中国に奪われる状況に陥った。

　一方、韓国は明確な世界戦略をもって国際舞台で活躍、国際地位が向上してきている。

　国連事務総長、世界銀行総裁を輩出し、Ｇ20サミットの議長国を演じ、四天王（サムスン、LG、現代自動車、POSCO）はウォン安政策で輸出を急拡大、目覚ましい発展を遂げてきた。戦略的な文化政策で韓流ブームが世界を席巻し、海外志向の強い若者、留学経験者が活躍の場を広げている。

　このように取り巻く環境が激変する中で、日本が単独でイニシシ

アテイブをとり続けることはもはや困難と言わざるを得ない。パートナーが必要である。それは台頭する「眠れる獅子」と言われる中国ではなく、民主主義、資本主義、共通の文化を共有する韓国であろう。

　19年間の駐在生活を終えて帰国するに際して、桜美林大学川西重忠名誉教授から"これまでの軌跡を本にして「日韓のあり方」を後世に残すことはあなたの仕事"と諭された。いざ筆を執ってみると、自画自讃の自分史となってしまった。しかし、「隣の国はパートナー」になることを目指して活動してきた実績は余人をもって代えがたい業績であったと自負している。とはいえ、未熟な部分も多く、読者の皆様から建設的なご批判・コメントを賜れば幸いに思う。

　この本を出版するに当たって、企業人としての人格・品格のみならず経営の本質を教授してくださった富士ゼロックスの今は亡き小林陽太郎元会長、訓練と試練を与えてくださった宮原明元社長、経理の原点を教えてくださった井岸千草元経理部長はじめ富士ゼロックス関係者に心よりお礼を申し上げたい。又、「千里の大志」を抱かせてくださった故大来佐武郎元外務大臣、強いリーダーシップで日韓の経済協力を推進してこられた故瀬戸雄三アサヒビール元会長、飯島英胤東レ特別顧問、そして今日、さらなる日韓経済発展に強力なリーダーシップを発揮される佐々木幹夫日韓経済協会会長には企業を離れてお世話になった感謝の意を表したい。更に、本の執筆を促してくださった川西重忠名誉教授、長い間励まし続けてくださった西村和義元日韓経済協会専務理事に衷心からのお礼を申しあげたい。
　最後に、今日まで私を支えてくれた家族に感謝の気持ちを伝えたい。

<あとがき>

【注】ソウルジャパンクラブ（SJC）http://www.sjchp.co.kr/ は
1960 年代から韓国に投資をした日本商工会（商社、銀行など
の支店の組織）、ジョイントベンチャー会（製造業を中心に韓
国企業との合弁会社の組織）、日本人会（韓国に居住する日本
人の組織）の 3 団体が 1997 年に合体して作られた 最大の駐
韓日本人組織。現在、400 余社の法人会員と約 1800 人の個人
会員から成る。①会員相互の親睦ならびに会員の啓発および
福祉の向上　②日韓両国民の親善への寄与および韓国社会へ
の貢献　③日韓両国の経済関係の円滑な発展の促進を目的に
活動、また、日本人学校も運営。米国商工会議所および EU（欧
州）商工会議所と並んで外国 3 大商工会議所と称され、韓国
商工会議所などと一緒に韓国経済、文化のために活動してい
る。

【注】大統領国民経済諮問委員会は盧武鉉大統領が国の活性化のた
めに内外の有識者 30 名を集めて定期的に開催した会議体。外
国人投資企業の代表として米国商工会議所会長、EU（ 欧州）
商工会議所会長およびソウルジャパンクラブ（SJC）理事長
の 3 名が 外国人の立場からコメント、意見を建議。

【注】ソウル市長外国投資諮問委員会はグローバル化を目指すソウ
ル市が駐韓の外国人 30 名をメンバーとして経済発展、文化向
上、街造りなどの観点から意見を求め四半期ごとに開催。

<参考文献>
・「恨の国」黄文雄（宝島社）
・「韓国の外国人 CEO」（朝鮮日報出版社）
・「韓国経済のパラダイムチェンジ」（三菱商事）
・「強い、優しい、面白い」会社構想（富士ゼロックス）
・韓国政府宛て「韓国におけるビジネス隘路事項」（SJC）

- 「日韓FTAに関するアンケート」調査（JETRO）
- 『週刊東洋経済』（2012年12月15日号）
- 「日本人に本当に伝えたいこと」金鎭炫（論創社）
- 「日韓企業の優位性評価」（富士通総研）
- 中国市場の比較、インド市場での比較（博報堂）
- 「ハイブリッド化する日韓」小倉紀蔵（NTT出版）
- 日韓はアジアにおける2大先進産業国家（みずほ銀行）
- 「日韓パートナーシップ共同宣言の解釈的再検討」小此木政夫（延世大学金大中図書館）
- 「わが志は千里にあり」大来佐武郎（日本経済新聞社）
- 日経新聞、朝日新聞、毎日新聞記事
- 中央日報、朝鮮日報新聞記事

＜出版後記＞

＜出版後記＞　本書の来歴について

（財）アジア・ユーラシア総合研究所所長

桜美林大学名誉教授　　川西　重忠

　高杉暢也氏の新著『「隣の国はパートナー」になれるか』発刊について、版元責任者として本書出版までの来歴を記して読者へのご参考に供したい。

　本書は韓国ソウル在住19年間にわたる企業経営者高杉暢也氏の公私にわたる活動記録である。多くの資料、記事を材料として帰国直前のお忙しい中を著者自身に直接お願いして整理編集して取りまとめて戴いた。内容は海外勤務地ソウルにおける一民間企業経営者の奮闘努力の活動記録であるが、単にそれだけにとどまらず、日韓両国の経済文化交流で長らく中心的な役割を果たしてきた高杉氏の日韓関係に対する「千里の志」の実践録としても読むことができよう。
　本書は更にその時々の韓国政府要人との交友録としても貴重な記録にもなっている。韓国歴代大統領４名との面談などは前代未聞のことではなかろうか。

　日韓関係の著作物については、学者研究者から民間人まで既に多くの良著、労作が政治・経済・文化・教育の各分野で発行されている。名著、必読書といわれ広く読み継がれている著作も少なくない。今回、高杉氏の本書は一人でも多くの日本人にこの「近くて遠い隣国」韓国との関係を理解し促進したいと考え、屋上屋を連ねることを承知で出版し世に問うことにした。先ずは出版元として出版に至る著者高杉氏との交流と本書出版までの顛末について記しておきたい。

高杉氏の来歴については本書に詳しく述べられているので割愛するが、当時の韓国ソウルは大手企業の幹部が希望して勇躍乗り込んでゆく国や職場ではなかった。

　いまの若い人には分かりにくいかもしれないが、少なくとも高杉氏が赴任当時の韓国の存在感と経済状態はそんな評価が普通であった。欧米先進国から一転しての韓国への日系企業責任者として赴任地に向かう高杉氏の重い気持ちが冒頭から伝わってくる。本書冒頭部分の"はじめに"には著者の人柄がよく表れている。

　しかし韓国富士ゼロックス赴任後の韓国従業員と一緒になっての初年度業績の劇的Ｖ字回復と全従業員との信頼の共有は、一企業人高杉暢也が韓国公人高杉暢也として飛躍する契機となり、氏のそれからの人生と韓国人観を一変させた。

　著者高杉暢也氏とは2016年８月のソウルで初めてお会いしたと記憶する。桜美林大学の学生33名を引率しての約１週間の夏季ビジネス研修の韓国視察ツアーのときである。釜山、大邱、慶州と回って最後にソウルに入った。韓国での企業訪問ではまず製鉄会社ポスコの工場を見学した。ポスコの創立者、朴泰俊の伝記『混迷する日韓関係を打開せよ！今こそ朴泰俊に学ぼう。朴泰俊が答えだ！』（許南整著）を桜美林大学北東アジア総合研究所で翻訳出版していた縁によるものである。ポスコ創立者朴泰俊は６歳の時に来日以来、18歳までの多感な青少年期を日本でおくり、後に韓国総理となる人物である。

　この『朴泰俊伝』は「アジア・ユーラシア総合研究所」評議員の西村和義氏の勧めで当研究所で翻訳出版した。これにより、本研究所は図らずも出版を通じての日韓友好に寄与することになる。出版直後の韓国ビジネス研修では、「朴泰俊伝」のおかげで日韓有識者関係者から予想外の歓迎と恩恵を受けることになる。

　ソウルではソウルジャパンクラブ（ＳＪＣ）が交流報告会と出版記

＜出版後記＞

念会を正式行事として認定してくれたおかげで「朴泰俊伝日韓出版
交流記念会」が開催された。

この時の中心人物が元SJC会長の高杉暢也氏である。高杉氏は当
日の基調講演者でもあった。

高杉氏とは、そののち一時帰国の機会を捉えて数回お会いした。
ある時には研究所主催の「企業倫理研究プロジェクト」の特別講師
として、「韓国富士ゼロックスのCSR事例」について報告していた
だいたこともある。

6月に正式帰国以後は一般財団法人「アジア・ユーラシア総合研
究所」の顧問の立場で運営にご協力戴いている。

思うに、当研究所は前身の「桜美林大学北東アジア総合研究所」
として創立以来、13年間、中國、アジア、ロシアから韓国、欧州へ
と調査研究領域を増やしてきた。近年、研究所でも相次いで韓国関
連図書の話題作の出版が続いている。本書は4冊目の韓国本の発行
となる。当研究所理事の小倉和夫元韓国大使、評議員の西村和義氏
をはじめ、顧問の高杉暢也氏、客員研究員の堤一直氏とメンバーも
多彩で当研究所の韓国研究も一段と熱が入る様相を呈しつつある。

「近くて遠い国、韓国とどう付き合うのか」、「韓国は、真のパート
ナーになれるのか」、これらの難しい問いかけに対して、私たち日
本人は果たしてどうすればよいのか、これらの答えのヒントが本書
の中にいくつもちりばめられていると私は思う。本書の中でも例え
ば「日韓交流おまつり」の箇所には、「たかがお祭り、されどお祭り」
の高杉氏命名のキャッチフレーズとともに、日韓関係の突破口の役
割を果たしてゆく可能性が示唆されている。

最後に本書のために帯の文言を寄稿して下さった小倉元韓国大使
に感謝の意を表したい。またご推薦文を書いていただいた三菱商事

149

特別顧問の佐々木幹夫氏、30年来変わらぬご厚誼を戴いている西村和義氏はじめ研究所と日韓関係につらなる皆さま、印刷所の中條部長にこの場をお借りして併せ感謝の意を表したい。韓国がよきパートナーになれる日を著者高杉暢也氏とともに待ち望みたい。

2017年9月5日

【添付資料】

国民経済諮問会議：盧武鉉大統領への提言
「外国投資誘致政策について」

ソウル・ジャパンクラブ

理事長　　高杉　暢也

拝啓　尊敬する盧武鉉大統領閣下

　国内景気が急落しています。消費と投資が急激に萎縮し、景気は事実上沈滞局面に入っています。我々、複写機業界を見ても今年に入り国内の販売状況はマイナス成長です。企業の設備投資マインドが冷え込んできているのです。これについては、世界経済の影響や前政権からのインパクトもありますから、現政権の政策の個々についてのコメントは遠慮します。しかし、「個人所得を1万ドルから2万ドルへ」のスローガンも掲げられましたので外国人企業家の立場からファンダメンタルな政策、即ち「外国投資誘致政策」についてコメントさせていただきます。

　政府の積極的な外資誘致努力にもかかわらず、FDIは急激に減少しています。これは世界経済が不況のため投資雰囲気の萎縮も一つの原因ですが、他主要国と比較して韓国が投資要件で見劣りする点があるからだと考えます。

　2002年度IMDの評価は別表−1の通りです。

＜別表－１＞　外国人投資に対する差別及び規制程度の評価

区分	外国企業 差別程度	外国人投資家に対する インセンティブ	外国人投資家 保護装置	外国人投資家の 国内企業の支配許容
英国	21	16	37	17
中国	36	17	23	49
シンガポール	12	3	14	25
韓国	45	27	39	33

（調査対象総49ヶ国中の順位、数字が低いほど外国人投資家に友好的、

資料：IMD「World　Competitiveness　Yearbook」、2002）

　また、在韓外国企業が指摘する外国人投資に対する急ぐべき改善隘路事項は下記の通りです。

＜別表－２＞　外国企業が指摘する外国人投資に対する
"急ぐべき改善隘路事項"

労使関係	124	政府政策の透明性など	70	生産コスト	67
行政規制	55	複雑な通関と高い関税	42	租税制度	29
金融サービス	15	言葉の疎通	13		

（2003年5月、駐韓外国企業76社を対象にアンケート調査した結果、応答社の回答順位を表したもの。　　　　　　　　資料：全経聯、毎日経済新聞2003年7月10日）

　外国人投資を誘致するためには、他国との差別化された投資誘致政策と魅力的な制度改善が必要です。

　別表－２に見るごとく、何と言っても労使関係は韓国のネガティブ・イメージの最たるもので政治家も、企業家も、労働組合幹部は国家的問題と認識して早急に解決しなければならない課題だと思います。

　強烈な対立的労使紛争にとどまらず労働生産性に比べて高い賃金上昇率、労働市場の柔軟性不足は投資の最大阻害要因です。

　基本的には企業が所有と経営を分離して経営の透明化を図ること

【添付資料】

が問題解決の最短方法ですが、韓国の資本主義の生い立ちを考えると簡単なことではないと考えます。しかし、今や国家的問題と認識するならば「法と原則」に基く厳しい対応が必要です。

制度的には整理解雇要件を緩和し、引き受け・合併時の雇用継承義務を最小化することが必要です。政府はノーワーク・ノーペイの原則を遵守させるととともに不法争議行為に対する厳正な法の適用をすべきです。協力的な労使関係を構築するために、政府や上級労働団体が労使間の対話と協力を精力的に調整すべきです。外国企業人から見て上級労働団体のイデオロギー的闘争は目に余るものがあります。この点、第28回労使政委員会で盧武鉉大統領の「今の労働運動に名分はない」（朝鮮日報9月4日）の指摘は的を得たメッセージであったと高く評価します。

投資誘致政策についてはさる5月30日に我々、SJCと産業資源部長官との懇談会で具体的に説明させていただきました。日本投資企業に対して、これまでのインフラ整備やインセンティブ付与などの固定観念的投資誘致政策はもはや限界にきていますし、内外投資誘致説明会も効果が薄いと思います。日本投資企業がなぜ中国やアセアン諸国に投資をするかという要因分析をする必要があります。

日本の産業構造はメーカーを頭とする系列構造です。まずメーカーが投資をしてその系列の部品、素材ベンダーが追従して投資をするのです。産業構造の似ている韓国に、日本のメーカーは投資の余地がありません。従って、系列のベンダーも追従しません。

韓国のメーカーが日本のベンダーに不足の部品や素材を安定的に供給を求める構造を構築すれば、自ずと投資が増えると確信します。投資した後も投資前と同じ支援を続けることも大切な政策と考えます。その点で言えばオンブズマン制度やワン・ストップサービス制度は高く評価される制度だと思います。

153

租税面では、現在27％台の名目法人税率を中国、シンガポール水準の15－20％台に引き下げると同時に配当所得に対する非課税も検討することを要望します。また、外国人投資に対する法人税の減免対象事業に、社会間接資本設備や代替エネルギー設備も含める必要があると思います。

　生活環境の改善についても外国人学校の設立、医療機関の充実、交通標識の英語や漢字の併記など広範囲にわたる改善が求められています。

　9月2日に産業資源部は「外国人投資誘致戦略と対策」を発表しました。韓国政府のすばらしいところは素早い対応にあります。しかし、私の5年間の韓国駐在経験から感じるところは、失礼ながら「NATO」即ち「NO ACTION、TALK ONLY」の感があると言うことです。もはやビジョン作りではなく、そのビジョンを実践、実現することにあります。

　我々、企業経営では5ヵ年計画を作り、年度の目標を定め、PDCA（PLAN, DO, CHECK, ACTION）サイクルを回して目標確認をするという「改善活動」をしています。韓国は、日本の議員内閣制度と異なり、大統領制度で5年間はその身分を保証されるわけですから、5カ年計画を着実に実行するのには最適の制度だと思います。

　盧武鉉大統領の強いリーダーシップでこれらの政策が実践、実現されることを期待しています。

(2003.9.10)

【添付資料】

国民経済諮問会議：盧武鉉大統領への提言

「韓国経済の二極化現象解決のヒント」

ソウル・ジャパンクラブ

理事長　　高杉　暢也

尊敬する盧武鉉大統領閣下

　韓国経済が抱える問題の解決策について経済諮問委員としての意見を具申させていただきます。

　各種統計数字だけを見ていると、それなりのプラス成長を続けている韓国も、ビジネスに携わっている経営者の立場から見ると景気が低迷していると実感しています。そしてエコノミストからは韓国経済は深刻な二極化に直面していると言われています。経済の二極化はグローバル化と技術革新による経済成長からもたらされるもので不可避でありますが、韓国は資本主義と民主主義が発展プロセスにあり、二極化現象が過度に現れていると考えられます。

　二極化現象は以下のようなものです。
（1）輸出は好調の反面、民間消費と設備投資は極めて不振という輸出・内需の二極化
（2）輸出・内需の二極化でもたらされる産業および企業間の二極化
（3）雇用および所得の二極化
（4）都市と地方の二極化

　エコノミストの分析によれば、韓国はグローバル化と技術革新に

より先導産業、特にIT産業を中心に産業構造が再編され、輸出が急伸長し、2002年以降、産業間の二極化と輸出・内需の二極化現象が起りました。そして、同時にグローバル化と技術革新に適応性のある企業と適応性の低い企業間に格差が生じてきたとされます。

1990年代後半以降、韓国経済は成熟段階に進み、生産要素の量的側面よりは質的側面がより重要となり、人材と技術の質的格差が経済全体に及ぼす影響が大きくなりました。

特に、1998年に起きた韓国経済不況は、タイやその他のアジア諸国と同様に短期資金の引き上げに起因していると分析されていますが、根本原因は「土地・労働・資本などの有形資産の時代であった30年前の経済構造、産業構造及び企業構造をもって、知識・技術・情報などの無形資産の時代である21世紀のパラダイムに対応しようとしたところにある」と言われています。

金大中前大統領はIMF危機管理の中、「民主主義と市場経済」政策の基に経済・産業・企業の3つの側面から構造調整を進め、今もそのプロセスにあると思います。経済・産業・企業の3構造調整の成否をレビューし、経済の二極化を解決するヒントを述べさせていただきます。

先ず、「**経済の構造調整**」ですが、政府は国民経済計算上の注目指標をGNP（国民総生産）からGDP（国内総生産）に切り替えました。結果としてGDPは99年10.9％、2000年9.3％、01年3.0％、02年6.0％、03年3.1％とIMFの優等生と称されるほどの成長を示しました。この成長に大きく貢献したのが外国直接投資（FDI）です。政府はこの国を外資投資企業にとって最も経営しやすい国にするとFDIに優遇策を執ってきました。

その結果、1998年以降、投資額は拡大し今年の7月には1962年以来の投資累計が1000億ドルを超え韓国経済に貢献しました。特に今

【添付資料】

年度に入り、減少傾向にあった投資が増加したことは喜ばしい限りです。更なるFDI促進の為に以下の2点を指摘したいと思います。

（1）大統領が示した「東北アジアにおけるビジネス・ハブ建設構想」の中の新素材や部品素材の先端産業基地を実現するためには産官共同で日本に働きかけるべきと考えます。

昨年5月、続く今年8月にソウル・ジャパンクラブ（SJC）は産業資源部長官に投資誘致政策の変更を建議しました。その内容は次の通りです。

「日本の新素材や部品素材ベンダーが中国や東南アジアに投資する訳は日本の産業構造上、先ずメーカーが投資をし、下請けのベンダーはそのメーカーからの仕事の保証があるから投資をします。産業構造が似ている韓国には日本のメーカーは生産設備投資をしない傾向にあり、拠って、下請けのベンダーも投資をしないことになります。これまでのインフラ設備やインセンティブの付与などを盛り込んだ各種投資誘致説明会開催のステレオタイプ的投資誘致策には限界があります。日本の部品と素材関連企業を韓国に誘致するためには、韓国企業との安定的な取引を保障することが鍵となります。従って、産官共同で日本からの新素材や部品素材の誘致を働きかける必要があると考えます。

（2）投資後、政策の変更や政府と行政の不統一性が散見されますが、大統領の強いリーダーシップで政策や政府と行政間のconsistencyを守っていただくことをお願いします。

例えば、昨年8月に経済自由区域が設定されましたが、新聞報道などによれば、1年経っても法整備が進まず、仁川経済自由区域の関係者は医療や教育機能が整備されなければ東北アジアビジネスハブとしては機能しないと懸念していると聞きます。仁川経済自由区

域庁と財政経済部は2008年までに松島地区などに医療ハブを作ると言う構想を進めていますが医療を管轄する保健福祉部と国内業者はこれに反対しているとのことです。また松島地区に各国の名門校誘致を進めていますが、韓国人の入学を認める関連法案が遅れて、進展していないようです。このように政府と行政の不統一性は外国直接投資者に混乱を与えます。

2番目の「**産業の構造調整**」は従来のハード産業（重厚長大型産業）からソフト産業（軽薄短小型産業）へと脱皮を図り新産業を開発する事として推進されてきました。

韓国人の強みに企業家精神、ITに優れているなどがあげられます。それを裏つけるかのように'98、'99年のIMF管理下時はパソコン、インターネットのソフト関係のベンチャー企業が群生のように起業し、そしてやがて自然淘汰されました。

IT関連技術進歩の加速で、情報通信関連需要の急伸長、社会全般的な情報化の趨勢などがもたらされ、IT産業の成長が非IT産業の成長を大きく上回りました。しかし、輸出品を生産するIT産業の場合、技術・資本集約度が高く、中間財の輸入依存度が高いため、労働力依存度が相対的に低くなり、雇用創出効果は低く、IT産業製品輸出需要の増大が国内投資および雇用の増加に連結することは難しくなります。

一方、部品素材産業は殆ど発展せず、大企業の成長果実が中小企業に伝播できない実情にあります。優良大企業は急速な技術進歩に対応し、R&D投資などを通じて自らの技術水準を高めていますが、中小企業は資金と人材不足、信用力の制限などの要因でR&D投資に厳しさを抱えています。

従って、産業連関を強化し，輸出の増加が投資、消費および雇用の増加に繋がる好循環構造を構築しなくてはなりません。現在の大

企業中心の産業クラスターを、中長期的に中小企業も参加できる開放型に改変する必要があります。そして企業間格差を少なくするような革新および調整を積極支援し、人的資本育成中心の成長促進型細分財政策をとる必要があります。特に日本からの新素材や部品素材の誘致は不可避です。そのためにも日韓FTA締結は焦眉の急であると考えます。

　韓国で経営に携わり、生活をしてみて驚く事の一つに、目に見えないものに対して価値を認めない、即ち代価を支払わないという事があります。サービスやコンサルテイングや商権は"只"だという考えがまだ蔓延しています。海賊版の氾濫、知的所有権の無断使用などがアフターサービス（ソフト産業）の育成を阻んでいるのです。これからの知識産業時代を目の前に国民への啓蒙活動を急ぐべきと考えます。

　最後に「**企業の構造調整**」ですが、「漢江の奇跡」と称される経済成長の牽引車が「財閥経営」であった事は疑う余地はありません。「財閥経営」の特徴は、即断即決のよさはあるものの「所有と経営不分離」であるが故に経営に透明性を欠くことが欠点です。金大中大統領は従来の「所有と経営不分離」から「所有と経営分離」へ変化させ、専門化体制を確立させる「企業の構造調整」を政府指導で精力的に推進してきました。しかし、まだ十分ではありません。日本でもマスコミを賑わした現代自動車やロッテホテルなどの労使紛争は「財閥経営」の特徴である経営の不透明性にその原因があります。

　労使紛争は韓国の代表的ネガティブイメージとなっています。例えば、昨年の斗山重工業で起こった労使紛糾は、新政府の労使政策に懸念を残しました。即ち、合意案がストによる賃金損失分のうち

の半分を補填すると約束したことにより「ノーワーク・ノーペイ」の原則を崩壊させた事例を作ったのです。仲裁の方法についても労働部長官が直接介入し、従前の労働部仲裁案より更に一歩「労」側に傾いた仲裁案で妥結した結果は、外国投資家に相変わらず硬直した労使関係のイメージを植え付けることとなったに違いありません。今年に入ってからも改善は見られるものの、労使紛糾件数は増え続けています。また、CSRの観点から見てもＳＫグローバルの１兆５千億ウォンを超える粉飾会計事件は表向きグローバル・スタンダードを繕いながら相も変らぬ不透明な、「財閥経営」の実態をさらけ出しました。外国投資家はこれがＳＫグローバル１社だけの問題とは思っていません。経営の透明化が鍵なのです。

　また、スイスのIMD資料によれば「労働生産性」は先進30カ国の中で韓国は30位と言う不名誉な状況にあります。日本のトヨタ自動車は昨年１兆２千億円の純利益を出しながら、生産性が目標を下回ったという理由から基本給は据え置き、ボーナスも前年比45％減で労使が合意しました。韓国の労働運動の民主化は1987年からスタートし、未熟ではありますが、国民所得2万ドル達成の鍵は給料増加以上の「労働生産性」の改善だということを啓蒙すべきと考えます。

(2004,12,8)

【添付資料】

国民経済諮問会議：盧武鉉大統領への提言

「外国人CEOから見た韓国の競争力」

ソウル・ジャパンクラブ

理事長　　高杉　暢也

尊敬する盧武鉉大統領閣下

「外国人CEOから見た韓国の競争力」と言う主題でお話をするよう依頼を受けました。

　ご存知のように、1997年アジア通貨危機から韓国も経済危機に陥りました。当時、コリアゼロックス（現在は韓国富士ゼロックス）と称していた私どもの会社は、50・50のジョイントベンチャーだったのですが、韓国側パートナーが経営に行き詰まり、50％の買戻要請を受け、富士ゼロックスの100％子会社になりました。私は1998年にこの会社の再建の命を受けて韓国に赴任しました。それから7年経ち、会社もすっかり立ち直りました。

　従って、本日は私の韓国での7年間の経営経験を踏まえて話をさせていただきたいと思います。

1．通貨危機以降の構造改革について

　1998年は金大中政権が誕生した年でした。韓国に赴任した時、何故、韓国に経済危機が起きたのかを考えました。97年夏のタイのバーツ暴落を引き金に、またたく間に韓国を含めアジア各国が経済危機に陥りました。現象的には、外資の短期資金の引き揚げに起因して起きたわけです。しかし、ある韓国の知識人が私に「韓国の経済

161

危機の根本原因は通貨危機ではない。通貨危機が引き金ではあったが、根本原因は今までの土地・労働・資本という生産の3要素と言われる古い有形資産重視の30年前の経営スタイルをずっと引きずってきたことにある。今は情報・知識・技術などとか無形資産の時代である。パラダイムが変わっているのに、韓国経済はそれに対応できないからこうなったのだ」と説明してくれました。これは以後の私の会社再建活動に大変示唆に富む説明でした。

さて、金大中大統領は民主化と市場経済の進展に向け大きく舵を取り、4大構造改革（企業・金融・行政・労働）に乗り出しました。4大構造改革ですが、私は視点を変えて、①経済、②産業、そして③企業という三点から構造改革を捉えてみたいと思います。

①経済構造改革

まず経済の構造改革ですが、国民経済計算上の主要指標を何に置くかは大変重要なことです。日本もかつてそうでしたが、韓国はそれまで、主要指標はGNPということで、韓国の企業が世界の各地に行って財を成し、GNPを成長させるということを善としていました。金大中大統領は、「そうではない、これからは国内生産をどう高めるかということ、即ち、GDPが大事な指標である」と外資導入（FDI）政策を採りいれました。これは経済構造改革の大きな転換になったと思います。何故なら、これにより外資が韓国に投資し、国内の産業振興、景気回復に貢献したからです。

1998年から99年にFDIは急増しました。ところが、1999年をピークにまた下降し、統計的には、大統領の意図とそぐわない状況が続きました。2004年度は年間FDIが12.8B.US＄となり、過去40年間で100B.US＄に到達した記念すべき年でもありました。このFDI政策導入により韓国経済のGDPは大きく成長しましたが、2004年、2005年とGDPは再び下降現象を続けています。これについては後ほど韓

【添付資料】

国経済の課題のところで言及させていただきます。

②産業構造改革

　次に産業構造改革です。要はハードウエアからソフトウエアへの転換です。韓国は世界トップのIT・ブロードバンド・デジタル国家と言われていますが、金大中大統領に続いて盧武鉉大統領もソフトおよびサービス産業を重視し、ハードウエア産業からの転換を推し進めています。ソフトおよびサービス産業への転換については韓国の文化や伝統に基づく習慣に馴染んだ韓国マーケットの改革でもありますので大変時間がかかると思います。

　弊社の例をとってお話しさせていただきます。何故、弊社コリアゼロックスが1998年に経営危機に陥ったのかと言うことです。私どものビジネスはハードウエア、即ち、複写機をお客様にお貸しし、又はお売りして、お客様にコピーをとっていただくと言うものです。コピーはオフィスのコミュニケーションに資するので、ソフトウエアなるアフターサービスビジネスは私どもの大事なビジネス分野です。仮に売上を100とすると、複写機販売のハードウエアで約３割、ソフトウエアなるアフタービジネスが７割、これが我が社の安定経営の為の経験値です。ところが当時、コリアゼロックスでは販売７割、アフター３割と逆転していました。

　これはプロフィットやキャッシュフローにはあまり目を向けない、販売台数志向・シェア至上主義の経営だったからです。これでは不況になると物が売れないので経営はおかしくなる訳です。1998年赴任後、いかにアフターサービスを増やすかに注力し、現在やっと５、６割まできましたが、この道のりは容易ではありませんでした。韓国のビジネス慣行と経営スタイルに深く根ざした問題であるからです。

163

多くのお客様がサービスは"只"と思っている訳です。日本もかつてはその傾向がありました。韓国のレストランで、キムチなどの惣菜がテーブル一杯に並ぶのに似ています。レストランでキムチなどの惣菜をお代わりしても追加料金は取られません。追加料金をとったらサービスが悪いとお客様から非難されます。

　複写機業界にも日本のようなトータルサービス契約はありませんでしたし、なかなか理解されない状況でした。機械が壊れたら直しに行くのですが、直してもお客様は"お前のところの機械だから"とお金を払ってくれない訳です。では消耗品とか補給部品はといいますと、安価な海賊版やコピー商品が沢山ある訳です。弊社の代理店でさえ、品質を無視して、ただ、安いと言うことだけで海賊版やコピー商品を使用している有様でした。このような古いマーケットの体質を変えるのは本当に時間がかかります。努力は今も継続しており、少しずつ改善されつつあるというのが現状です。弊社のみならず、韓国全体でも、政府の指導もあり、サービス・ソフトのビジネスとしての重要性がだんだん浸透しつつあると実感しています。
　韓国は世界のIT・ブロードバンド・デジタル国家と言われていますが、ソフトやサービスビジネスへの転換については、まだまだ改善の余地が多いと思います。

③企業構造改革

　企業の構造改革は、「所有と経営分離」、「経営の透明化」の話です。韓国経済の「漢江の奇跡」といわれる急激な経済成長は財閥経営の牽引によるものであることは衆目の一致するところです。財閥経営の強さは即断即決、リスク・ティーキングです。オーナーの牽引力が強いというところにあります。最近のITや半導体ビジネスにおけるサムスン、LG、現代などの日本企業を凌駕する発展はまさに

164

財閥経営の強さによるものです。

　しかし一方で、所有と経営が未分離で、経営が不透明になりがちになる問題も含んでいます。このことが労働者の不満や労働争議の発生にも結びついていると思います。先程のFDIの進まない原因も外国人投資家からは戦闘的労働紛争が第1の理由にあげられています。

　また、いわゆる腐敗、不正問題も後を絶ちません。11月の釜山で開かれたAPECでも、アンティコラプション（anti-corruption）の宣言を出し、私も含め経営者約800人が署名し盧武鉉大統領に渡しました。今後、これらの問題を改善し、実質的に企業の構造改革を推進していかないと、グローバル時代の中で取り残される危惧があると思います。

　以上、金大中大統領以来の構造改革とその推進状況を私の理解でお話しさせていただきました。

2．「北東アジアの経済ハブ建設構想」について

　盧武鉉政権に移って、大統領就任時に12のアジェンダを発表されました。その一つが「北東アジアの経済ハブ建設構想」です。これが唯一の経済アジェンダで、あとは全部内政問題に絡むものだったと思います。私はビジネスマンですから、「経済ハブ構想」に非常に興味と関心を持ちました。

　さて、この「経済ハブ構想」ですが具体的には①ファイナンシャルセンター、②ロジスティックスセンター、③R&Dセンターの三つの経済ハブを目指し、もって韓国の経済を発展させたいというのが、盧武鉉大統領の韓国の競争力強化方針であったと思います。従って、"韓国の競争力を高めることは、大統領方針の「北東アジアの経済ハブ建設構想」を国民の総意で実現させることである"と言うのが本日の私の強調したいポイントです。

165

以下，この①ファイナンシャルセンター、②ロジスティックスセンター、③R&Dセンター、の３つの実現性と条件について僭越ながら私見を述べさせていただきます。

①ファイナンシャルセンター

　まず、ファイナンシャルセンターは香港、シンガポールと比較すると、イメージ的に見劣りする観は否めません。シティグループのドナルド・ハンナ理事は昨年12月の朝鮮日報新聞で「ファイナンシャルセンターは韓国がなりたいと思ってもなれるものではなく、韓国がそれに見合ったインフラを整え、全世界の金融・企業人がそれを認めた時に実現可能なものである。何よりも規制方式を、規制可能な部分を先に指定し、残りを全て禁止するポジティブ方式から、一定の部分だけを規制し、残りを全て認めるネガティブ方式に移行することが重要である」と指摘しています。それからやはり香港、シンガポールと比べると英語力と通信手段などの国際標準化が今一歩だと思います。しかし、韓国のITインフラは世界のトップレベルですから、この強みを生かすと同時に、国を挙げて金融市場のインフラを整え、英語力や通信手段などの国際標準化を推進して「北東アジアのファイナンシャルセンター」建設を目指すべきと考えます。

②ロジスティックスセンター

　ロジスティックスセンターは、韓国が中国と日本の間に位置しますから地政学的上、一番実現可能性が高いと思います。現在、韓国は、仁川地区と光陽地区とそれから釜山・鎮海地区に自由経済特区を推進中です。
　昨年７月に、釜山新港の建設現場の視察をしましたが本当に大規

166

模で驚きました。釜山と光陽はかなり接近していますから、オーバー・キャパシティにならないのかと心配する程でした。

　経済特区として自立するために何をするかが大事なことで、単なるシッピングとかトランスポーテーションだけでなく、韓国の特徴の付加価値をつけることが大切だと考えます。因みに付加価値をつけるという意味は、たとえば中国から獲ってきた魚介類を単に輸出するのではなく、釜山新港で、加工したり、缶詰にしたりして、日本やロシアに輸出するといった、ワンクッション追加というのが、私のイメージするところです。バックヤードを作ったり、学校や医療などの公共施設も準備を急いでいるようですので、このセンター構想はたぶん成功すると確信しています。

③ R&D センター

　キーはR&Dセンターです。私は現在、大統領管轄の国民経済諮問委員会のメンバーの一員ですから、そこでも申し上げているのですが、韓国の強みは何かといえばそれは「R&Dと生産の一体化」だと思います。従って、最も注力を注ぐべきところだと思います。

　韓国富士ゼロックスでの私の経験でお話をさせていただきます。富士ゼロックスは、4年前まで、日本、韓国、中国に各々工場がありました。当時の本社の開発・生産戦略は、コスト採算性から、全ての工場を中国にシフトするというものでした。現に日本の工場のいくつかはクローズになりつつあります。我々の仁川工場もクローズ対象になり、そこで働く250人の従業員と約100社のベンダーは仕事を失いかけました。そこで私は本社に「グローバル経営とは、例えば宇宙船から各国を見て、その国の強みを活かすことである。韓国の強みは開発と生産の一体化にあるのでこれを最大限活用すべきだ」と異議申し立てをしました。

167

確かに生産コストは中国が安いことは事実です。中国は韓国の生産コストの約10分の１です。韓国と日本では３分の１といわれていますから、中国と日本を比べれば30分の１となります。生産コストだけなら中国の生産拠点の優位性は揺るがないでしょう。しかし、物作りはトータルコストで見るべきだと思います。物作りというのは必らずそこに技術から生産に移行する生産技術のプロセスがあるわけで、この部分は開発した人間が一緒になって生産現場でやる必要があります。設計図一枚渡して"さあ、作れ"という代物ではないのです。韓国のR&Dを活用する利点はココにあるというのが私の主張でした。韓・中のR&D能力を比較し、R&D費も含めたトータルコストで考える必要があると思ったのです。

　これは私が韓国に赴任した1998年の１年後、即ち、今から７年前、韓国富士ゼロックスのR&D社員を日本の本社に送り込んで、デジタル技術を研修させた結果、約１年でそれを習得して、なおかつ日本語まで覚えて帰ってきたことから、韓国R&D社員の高い質と能力を評価したことによるものです。韓・日のR&Dコスト差は、2.5か２分の１ぐらいの差がありますので、コスト的にメリットがあるわけです。

　複写機はコンポーネントでできています。エンジンの部分は非常に高品質、高技術が要求されますので日本で開発と生産を担当します。韓国ではその周辺機器、すなわち紙を置くペーパートレイ、最後のフイニッシャーや、ドキュメント置きの開発と生産を担当します。そしてエンジンは日本から、周辺機器は韓国から中国に送って、中国の安いコストで組み立てて、世界のマーケットに供給するわけです。まさに日・中・韓三カ国の強みを活用した開発・生産プロセスを実行しているのです。私は、これを「日・中・韓の競争と共生の構造」、（Competition & Co-operation between Japan, Korea and China Structure）と名付け、ぜひ東北アジアのモデルにしたいと

168

【添付資料】

考えています。

　この結果、弊社の仁川工場の従業員250人と約100社のベンダーは仕事を失うことなく、韓国の輸出に貢献でき、昨年度も11月30日の貿易の日に「輸出1億ドル塔」国務総理賞の栄誉に授かりました。

　但し、日本の本社からは未だに韓国の品質問題を指摘されています。これは我がR&D社員の品質に対する意識の問題に起因するところが大きいのです。しかし、私はいつも今から750年前の高麗、高宗時代に作られた八万の経板に彫られた「八万大蔵経」の話をして社員を鼓舞しています。八万の経板に彫られた5千2百万字のお経が一字一句の間違いもないゼロディフェクトな完璧品質であったのです。何事も諦めず、発想を変えてやれば必ず達成可能なのです。

　弊社の例が長くなりましたが、「東北アジアのR&Dセンター」化は、弊社のケースが示すように実現可能性があると考えます。そのためにも国レベルでR&D投資を更に増加させる必要があります。

　2004年度のデータで見ますと、年間のR&D投資額は日本が1690億ドル、韓国は194億ドルで日本の11.4%の比率です。韓国の経済規模は日本の10分の1～9分の1と言われていますから、比率的にはこうなるかも知れません。ここ2，3年投資額が増えてはいますが、しかし、まだ少ないと思います。

　国民経済諮問委員会のメンバーとして次の4点を提言したいと思います。1）民間企業が更にR&D投資をすべきである。2）そのためにも政府指導で優遇税制等のR&D投資インセンティブを更に仕掛けるべきである。3）EngineeringやTechnologyなど理工系大学生数を更に増やすべきである。4）国民に物作りの大切さを更に啓蒙すべきである。

169

3．韓国経済の課題と対応策

　韓国経済のGDP成長率は2004年度、4.7％、2005年度、3.9％と2年連続で下降現象にあります。その原因は韓国経済のファンダメンタルな構造にあると思います。それは二極化現象です。IT・自動車・造船・家電・半導体を輸出している産業、企業は儲かっていますが、この他の産業、企業は儲かっていません。このように勝ち組と負け組の二極化現象が広がっています。

　勝ち組みといわれる、例えばIT産業の場合、技術・資本集約度が高いので労働力依存度が相対的に低くなり、雇用創出効果は低くなります。また、輸出品を構成する部品・素材などの中間財は海外からの輸入依存度が高いため、国内投資および雇用の増加に繋がることが難しくなります。それ故、部品素材産業は殆ど発展せず、大企業の成長果実が中小企業に伝播できない状況です。優良大企業は急速な技術進歩に対応し、R&D投資などを通じて自らの技術水準を高めていますが、中小企業は資金と人材不足、信用力の制限などの要因でR&D投資に厳しさを抱えています。

　従って、政府としては産業連関を強化し，輸出の増加が投資、消費および雇用の増加に繋がる好循環構造を構築し、現在の大企業中心の産業クラスターを中長期的に中小企業も参加できる開放型に改変する政策をとる必要があります。そして、企業間格差を少なくするような革新策および調整案を積極支援し、人的資本育成中心の成長促進型細分財政策をとるべきであると考えます。

　部品・素材産業を今後どう強くするかということが、「北東アジアのR&Dセンター」を目指すうえでも、本当に大切なキーです。従って、部品素材を扱う中小企業をどう育成するか早急にアクションをとる必要があります。このためにも日韓FTAの早期締結は焦眉の急といえます。

【添付資料】

　日韓両国は産業構造が似ている、中間所得層が多い、教育水準が高い、都市化が進んでいるなど多くの共通点があります。一方、両国には2—3倍の賃金格差、9倍の経済規模差、技術力・品質力の差があるとされるものの、日本は人口の高齢化・少数化傾向、生産設備の老朽化現象、そして消費減退とデフレで長い間続いた経済低迷からやっと抜け出した状態にあります。韓国は消費力が高く、競争刺激にあふれ、成長活力に満ち溢れています。また、生産設備は比較的新しく、労働力年齢でも20年程度の余裕もあります。

　このように両国がその強み，弱みを持っているわけで、相互に補完しあいながら1つの市場を作ることにより人口で1億7千万人、経済規模で米国の3分の2に匹敵する5兆ドルの市場ができると言われています。

　このことにより1）韓国企業製品の日本市場への浸透、2）韓国の持つバイタリティーにより日本の国内改革が期待でき、両国の活性化に繋がる。そして3）人的のみならず、技術，知識等の交流が飛躍的に活発化し、4）日韓企業間の戦略的提携の可能性が生まれる。さらに副次的効果として5）アジア進出を考える欧米企業にとって魅力的な市場となり「北東アジアの経済ハブ建設構想」の基になると確信します。

　以上、私の7年間の韓国での経営経験をベースに「外国人CEOから見た韓国の競争力」の話をさせていただきました。お聞き苦しい点も多々あったと思いますが、本日の私の拙い話が少しでも皆様のお役に立つことを願い、韓国が一日も早く「北東アジアの経済ハブ建設構想」を実現し、国際競争力を高められることを期待しています。

　ご清聴有難うございました。

（2015.1.30）

国民経済諮問会議：盧武鉉大統領への提言
「三大外国商工会議所共同の建議事項」

Proposal for President Roh, Moo-hyun
National Economic Advisory Committee (NEAC)
Foreign Business Committee

[DRAFT]

Wednesday, December 17, 2003
Prepared by (in alphabetical order) :
The American Chamber of Commerce in Korea (AMCHAM
Korea)
European Chamber of Commerce in Korea (EUCCK)
Seoul Japan Club (SJC)

We are honored to have participated in the National Economic
Advisory Committee organized by The Blue House during the
year 2003. This document summarizes the suggestions for the
Korean government compiled by the representative organizations
of foreign companies doing business in Korea.

We have expanded on the report "The Direction of Economic
Policy of Participatory Government" presented by the Deputy
Prime Minister and Minister of Finance and Economy, Kim Jin-
pyo during the 1st National Economic Advisory Council Meeting
held in June 11, 2003.

We agree with Minister Kim's report stating that Korea needs to

【添付資料】

use its geopolitical advantage, excellent worker resources and the world's best IT technology in the promotion of mid-term and long-term policies that contribute to the expansion of Korea's growth potential.

As also explained in MOFE's "Direction of Economic Policy of Participatory Government" report, Korea needs to continue to improve its corporate governance, labor relations and consistency in the way government policies and regulations are administered.

- CONSISTENCY/PREDICTABILITY: The government should continue efforts to develop the financial industry as the new growth engine driving the Korean economy in the 21st century.
- BETTER CORPORATE GOVERNANCE: Corporate transparency needs to be increased, trust needs to be developed, and investment to prepare for the future needs to be expanded.
- IMPROVED LABOR RELATIONS: The government needs to foster an environment where workers will use rational dialogue rather than group action to attain their objectives, restrain from demanding salary increases that exceed the range of productivity enhancement, and cooperate in fostering national competitiveness

Strong Domestic Economy

While the Korean economy is currently experiencing a slowdown in domestic investment and consumption, Korean industry, including foreign investors, are exporting from Korea in record numbers. This fact clearly points to the current international competitiveness of Korean industry and remarkable progress Korea has achieved in improving efficiency and quality in production.

173

Foreign investors come to Korea to participate in Korea's robust domestic economy and to engage Korean industry as partners. Without a thriving domestic economy, foreign investment will be difficult to attract. Therefore, the Korean government must create an environment where it is imperative that domestic industries are confident about the Korean market.

We cannot stress how critical it is to get these Korean investors to commit to expanding their business in Korea in the future. Remember, Korean investors are also international investors with options. They can choose to move their investments offshore, and there are plenty of other countries that who want their investments. As you can see in manufacturing industries, more and more Korean companies are moving their production facilities to China to reduce costs and to tap into that large market. The government needs to pay attention to this trend and plan a course of action to prevent a hallowing effect, perhaps by providing incentives for companies and a more business friendly environment.

Korea's Edge Over China: Quality

Foreign companies come to Korea because Korea presents unique opportunities and resources for investors. Korean suppliers provide high quality goods on time, with high quality labor. Vendor costs may be higher than other countries, namely China, but Korea still has an edge when it comes to quality.

During the past few years, it appears there has been little overall change in the investment patterns of Japanese companies in Asia. But when the data is examined closely, it reveals that investment has increased in China while decreasing in Korea.

【添付資料】

Korea cannot stop investments flowing into China, but it has control over its own investment climate. The Korean government needs to highlight Korea's advantages, and we believe the answer to the question posed by foreign investors, "What are the benefits of investing in Korea rather than China?" is worth giving much thought. Investment is being moved to China where labor costs are low, but Korea has to appeal to potential investors by promoting its strengths.

We believe Korea's strengths are (1) ability to provide quality products & services and (2) ability to successfully commercialize IT technology. The most successful case of technology commercialization was CDMA, which is the backbone technology for Korea's robust mobile communications industry. Korea needs more success stories like the CDMA. Broadband penetration is the highest in the world, and content creation may be an area where Korea can lead the world.

Also, Korea should focus on building a country image focused on quality. Thanks to companies like Samsung and LG, "Made in Korea" enjoys some quality brand equity in international markets. However, unfavorable images related to quality still exist for Korea due to such events like the 1.5 trillion won SK Global problem, political difficulties involving politico-economic alliances, government support for nuclear development in North Korea by the Hyundai Group, and problems concerning quality engineering, such as the recent subway tragedy, and the collapse of a department store and bridge during the 1990s. Unfortunately for Korea, these domestic events are well known around the world. Today, a nationwide commitment to quality from everyone including workers, management, and politicians as well as civil servants is needed to build a positive image for Korea.

This should not be difficult for Koreans as they have always been committed to quality. Koryo Dynasty celadon and "Palmandaejanggyeong" of Haeunsa from 750 years ago are great masterpieces. For example, Haeunsa's Palmandaejanggyeong, which is a product of about a thousand of engravers, has 52 million characters on 81,340 printing blocks. It predates Gutenberg's printing press, which is usually considered the world's first. When Palmandaejanggyeong was computerized recently, it was reported to have no spelling errors or missing words. As demonstrated here, Korean ancestors achieved perfect quality. This is something to be proud of and worth continuing in Korea.

Trade Relations

Korea is opening its doors to the world through trade, and we fully support and encourage Korea's efforts in signing Free Trade Agreements (FTAs) with other countries.

The global trend is to form trade zone blocs, but one in Asia like Europe's EU and America's NAFTA does not yet exist. With changes in the economic structure of East Asia and the rise of China, FTAs in the region can benefit Korea. Economic cooperation with China should be gradually phased in, but it is too early to enter an FTA that will remove tariff rates.

Before Korea and the U.S. can begin FTA talks, we need to complete a Bilateral Investment Treaty (BIT) . In the case of the U.S., Korea could not sign the U.S.-Korea BIT due to the screen quota. Benefits of a BIT can be seen through the Korea-Japan BIT that was signed in January 2003. With the conclusion of Korea-Japan BIT, both countries' investments are being promoted

【添付資料】

and should be mutually beneficial. The two countries are now beginning FTA negotiations.

Korea as the Asia Hub

Korea has the potential to become a hub of business, logistics, R&D, tourism and finance in the region.

One worthy goal is to focus on developing Korea's asset management market. Creating a business climate that will allow the world's major private equity investors as well as asset managers to commit significant resources (assets & manpower) is an achievable goal for Korea. This can be achieved by utilizing the Free Economic Zones in Incheon and elsewhere by adjusting Korea's economic policies to attract investors.

Historically, Korea has been successful in attracting foreign investment in manufacturing with tax incentives. Currently, incentives for asset management industry are unavailable in Korea. Modifying current policies to attract this industry will not only bring expertise, but also create high paying service jobs for thousands of Koreans, improve credit and financial analysis skills in Korea and promote foreign investment into all industries. Improvement of credit and financial analysis skills in Korea and promotion of foreign investment in all industries will take Korea a step closer to becoming the region's hub and prepare for its role as Asia's financial center.

Revenue generated by investment/fund management companies in Korea will be exempt - whether from investments in Korea, China or elsewhere around the world. This would provide huge incentives for these funds to locate in Korea. More importantly, these tax incentives should also be extended to companies that receive investments from these funds. This will encourage the

177

target companies to keep their funds into Korea for the long-term, rather than for short-term capital gains. It will also prevent these companies from sending funds to China or elsewhere that provides these incentives.

Labor Reform

However, all of our recommendations listed in this paper cannot be achieve without a significant improvement in labor-management relations in Korea. By now, everyone in Korea is aware of the need for Korea's labor market reform. We believe the goals for the Korean economy simply cannot be realized without establishing a healthy flexibility in Korea's labor market. Labor should be Korea's one of core competencies, with its highly educated and diligent workers.

Industry has found flexibility through the contract worker system, but this system is not desirable for Korea's long-term stability of workers or the economy. True flexibility by permitting companies to lay off workers will promote higher employment and resolve much of youth unemployment problems Korea is faced with today.

The problems of labor-management are not just political problems but business problems. They can be best resolved by fostering an environment where management more transparent and by building a more trusting relationship with workers. The Chaebol system has a weakness of not being able to separate management and ownership. There are many Chaebol companies with no labor-management disputes, but we must keep in mind that it is easy for management to become secretive and less transparent, if management and ownership cannot be separated.

The good news is that Korea's labor management relations can

178

be improved. A good example is Fuji Xerox Korea. The company has reached an agreement on employee wage increases without employees going on strike every spring, as is sometimes the trend in Korea. Fuji Xerox Korea's last three years show that no labor disputes occur when a trusting relationship with the labor union is in place. Korean workers are outstanding, and we firmly believe that labor-management problems will disappear if a more trusting relationship can be fostered between labor and management.

While there are still labor-management problems today, clear and consistence use of laws and principles to formulate countermeasures by the government will assist in improving the business environment and attracting foreign capital.

Mid-term Goal: Research & Development

In the mid-to-long term, R&D is critical to Korea's future economic success and to development and maintenance of both thriving service/manufacturing sectors. At present, however, the combined spending by the government and industry in research and development is insufficient. To improve this spending, we would suggest that the Korean government issue special education bonds and dedicate the funds raised by these bonds to (1) improving educational facilities at the high school and college levels and (2) government funded research and development.

The success of Silicon Valley in the U.S. was due to institutional cooperation between industry and institutions of higher learning. Improving high school & college facilities and providing government grants in research and development are possible with special government bonds. This will allow Korea to develop world-class R&D capabilities.

R &D investment should be part of the mid-term and long-term plans. According to a report by the Korea Industrial Technology Association, "investment on R & D by Korea for the past 30 years increased 22.4 % annually, exceeding that of advanced countries. However, the amount invested in 2001 totaled 12.5 billion dollars-8% of the amount committed in Japan".

Accordingly, the government should not disburse support funds by designating companies and types of business, but should change the nation's awareness by educating people of the importance of the manufacturing industry and R & D, and let the market determine where the funds are best spent. The nation needs to understand the importance of expanding the tax system support and providing incentives for R & D and equipment investments. From the structural reformation of the law and system focusing on hardware, there should be reformation on software, such as enhancing the awareness and customs of each economic body.

Increase research & development budgets and programs for clearly defined new technologies in order to maintain the technological advantage over China. This is an area Korea can lead, if it wanted to.

In conclusion, we have listed our committee's recommendations in bullet points.

Recommendations:

o Successfully complete a U.S.-Korea BIT

o Negotiate, conclude and ratify Free Trade Agreements with main trade partners in the region (Japan, China, ASEAN) .

o Maintain strong domestic economy

o Create a business environment for all investors, both domestic and foreign

【添付資料】

o Improve labor flexibility

o Finalize as soon as possible the ongoing investigations related to the irregular funding of the last election campaign.

o Maintain inflation within a range of 2-3% per annum.

o Continue progress in structural reforms mainly in Corporate Governance, Labor Market, and Strength Financial Markets.

· Enhance transparency of ownership and control of Corporate Korea.

· Provide tax exemptions set forth in the Foreign Investment Promotion Act (7-year complete exemption and 3 year 50 % reduction) to financial investors, fund managers, private equity investors, who locate their businesses in the Free Economic Zones.

· Strengthen investor protection and hold management accountable for violation of investor rights.

· Act to limit the damage to Korea's International image, by making organized labor fully accountable for their actions.

· Push further all countries involved in order to come to a peaceful solution on the North Korea nuclear threat, improving relations with the USA.

· Start International Advertising Campaign to improve Korea's image abroad.

著者紹介

高杉暢也 (たかすぎ・のぶや)

1966年、早大（一商）卒業後、富士ゼロックスに入社。カナダ、米国での研修・駐在後、本社にて経理、企画、営業を経験。1998年のアジア通貨危機の際、倒産寸前の韓国富士ゼロックス再建を命じられ韓国に赴任。労使紛争解決、近代マーケティング導入、日中韓三国垂直分業生産体制構築などして最優秀外国企業として大統領産業褒章を受賞。社業の傍ら、ソウルジャパンクラブ理事長、大統領國民經濟政策諮問委員、ソウル市外国人投資諮問（FIAC）委員、金＆張法律事務所常任顧問、国民銀行社外役員などを務め日韓友好親善促進活動に貢献。2005年から日韓文化交流の最大行事「日韓交流おまつり」を推進している。2009年にソウル市名誉市民称号授与。2015年に岸田外務大臣賞を受賞。
19年の駐在を経て2017年6月に帰国。現在は（財）アジア・ユーラシア総合研究所評議員。

「隣の国はパートナー」になれるか
―日本人経営者19年間の駐韓回顧録―

2017年9月3日　初版第1刷発行
2019年7月1日　初版第2刷発行

編集者　アジア・ユーラシア総合研究所編集委員会
発行者　川西　重忠
発行者　一般財団法人　アジア・ユーラシア総合研究所
　　　　〒151-0051　東京都渋谷区千駄ヶ谷1-1-12
　　　　Tel：03-5413-8261　　Fax：03-5413-8912
　　　　http://www.obirin.ac.jp
　　　　E-mail：n-e-a@obirin.ac.jp
印刷所　株式会社厚徳社

2017 Printed in Japan　　　　定価はカバーに表示してあります
ISBN978-4-904794-88-3　　　乱丁・落丁はお取り替え致します